Mini-Übungsbuch
SPANISCH

PONS GmbH
Stuttgart

PONS
Mini-Übungsbuch
SPANISCH

von
María Engracia López Sánchez

Auflage A1 ⁵ ⁴ ³ ² ¹ / 2013 2012 2011 2010

© PONS GmbH, Rotebühlstraße 77, 70178 Stuttgart, 2010
PONS Produktinfos und Shop: www.pons.de
PONS Sprachenportal: www.pons.eu
E-Mail: info@pons.de
Alle Rechte vorbehalten.

Redaktion: Josefa Díaz
Logoentwurf: Erwin Poell, Heidelberg
Logoüberarbeitung: Sabine Redlin, Ludwigsburg
Titelfoto: Vlado Golub, Stuttgart
Einbandgestaltung: Tanja Haller, Petra Schnur, Stuttgart
Layout: one pm, Petra Michel, Stuttgart
Satz: Digraf.pl - dtp services
Druck und Bindung: Gmähle-Scheel Print-Medien GmbH,
Kriegsbergstraße 14, 71336 Waiblingen-Hohenacker

Printed in Germany.
ISBN: 978-3-12-561742-1

WILLKOMMEN

In **kleinen, unterhaltsamen Lernportionen** trainieren und festigen Sie Ihre Grundkenntnisse in Spanisch.

Die Kapitel sind **thematisch aufgebaut** und durch leichte, abwechslungsreiche und spielerische Übungen können Sie die wichtigsten Themen der spanischen Sprache **wiederholen und üben**.

Zusätzlich finden Sie im Anhang nützliche und interessante Informationen zu **Land, Leuten und Kultur**.

Eine nach Kapitel geordnete **Vokabelliste** im Anhang hilft Ihnen bei Verständnisschwierigkeiten und kann auch zum gezielten Lernen des Wortschatzes dienen.

Nehmen Sie das kleine Buch auch **unterwegs** mit und nutzen Sie die Pausen zwischendurch, um Spanisch zu lernen! Üben Sie häufig und in kurzen Etappen: lieber täglich fünfzehn Minuten als nur einmal pro Woche zwei Stunden.

Viel Spaß und Erfolg beim Spanischlernen!

Inhalt

1 • **Die richtige Aussprache** 6
Spanische Laute, Betonung

2 • **Ins Gespräch kommen** 10
Das Verb *ser*, Nationalitätsadjektive

3 • **Ausbildung und Beruf** 14
Der Artikel, das Substantiv, die Pluralbildung, das Präsens

4 • **Freunde und Verwandte** 18
Demonstrativ- und Possessivpronomen

5 • **Personenbeschreibung** 22
Das Adjektiv, *ser* vs. *estar*

6 • **Telefonnummer und Uhrzeit** 26
Die Zahlen bis 20, Reflexivpronomen

7 • **Sich verabreden** 30
Das Verb *ir*, Verben (o>ue), Häufigkeitsangaben

8 • **Wegbeschreibung und Verkehr I** 34
Das Verb *venir*

9 • **Wegbeschreibung und Verkehr II** 38
Ortsadverbien, die Verben *hay* und *vivir*

10 • **Im Restaurant** 42
Das Verb *gustar*, Verben (e>ie)

11 • **Lebensmittel einkaufen** 46
Mengenangaben, das Verb *costar*

12 • **Eine Wohnung mieten** 50
Fragewörter, der Vergleich

13 • **Adressen und Wohnungsbeschreibung** 54
Ordnungszahlen

14 • **Datum und Geburtstag** 58
Zeitadverbien

15 · **Sport und Freizeitaktivitäten** **64**
Die Verben *poder* und *saber*, Wunschverben

16 · **Shoppen und Kleidung** **70**
Direkte Pronomen

17 · **Flohmarkt** **76**
Indirekte Pronomen, Zahlen ab 20

18 · **Beim Arzt** **82**
Der Imperativ

19 · **Wetterbericht** **88**
Muy vs. *mucho*, das Futur

20 · **Im Hotel** **94**
Zeitadverbien, das Perfekt

21 · **Sich frisch machen** **100**
Das Gerundium und die Verlaufsform

22 · **Umwelt und Natur** **106**
Das unpersönliche se, das *Indefinido*

23 · **Landschaft** **112**
Indefinido vs. Perfekt, unregelmäßige Verben im
Indefinido

24 · **Damals und heute** **118**
Das Imperfekt

25 · **Spanische Geschichte** **124**
Perfekt, *Indefinido* und *Imperfecto*

Anfang **130**
Menschen & Kultur **132**
Wortverzeichnis **142**

1

Wie werden die markierten Buchstaben ausgesprochen? Verbinden Sie die Wörter mit den Beschreibungen.

1. ¡**H**ola!	___ **A** wie das deutsche *b*
2. Espa**ñ**a	___ **B** wie das deutsche *j*
3. pae**ll**a	___ **C** wie das deutsche *tsch*
4. **y**o	___ **D** wird nie ausgesprochen
5. **V**enezuela	___ **E** wie *lli* im deutschen Mi*lli*on
6. **ch**ocolate	___ **F** wie *gn* in Co*gn*ac

2

Wie werden die markierten Buchstaben ausgesprochen: wie k oder wie das englische th? Kreuzen Sie es an!

	wie dt. *k*	wie engl. *th* (*th*ink)
Cuba	▨	▨
Bar**c**elona	▨	▨
Palen**qu**e	▨	▨
Valen**c**ia	▨	▨
Quito	▨	▨
Zarago**z**a	▨	▨

3

Gruppieren Sie die folgenden spanischen Vornamen nach der Aussprache der markierten Buchstaben.

> **J**orge • **J**imena • **G**uillermo • Á**g**ela • **G**ustavo
> Á**g**ata • **J**uanjo • Ale**j**andra

wie dt. *g*	wie *ch* in dt. a*ch*t

4

Welches Wort gilt als Beispiel für die Wortbetonungsregeln im Spanischen?

> **español • música • amigo**

1. Wörter, die auf einen Vokal (*-a, -e, -i, -o, -u*), *-n*, oder *-s* enden, werden auf der vorletzten Silbe betont:

   _____

2. Wörter, die auf einen Konsonanten (außer *-n* und *-s*) enden, werden auf der letzten Silbe betont:

   _____

3. Alle Wörter, deren Betonung von den ersten beiden Regeln abweicht, werden mit Akzent geschrieben:

   _____

5

Markieren Sie den betonten Vokal.

> **calor • bailan • flamenco • álbum**
> **playa • tapas • alemán**

6

Bei welchen Wörtern wird ein Akzent geschrieben?

pais	cultura	monumentos
cafe	ciudad	adios
verano	America	guitarra
hombre	avion	señor
futbol	estar	idioma

7

Mit dem folgenden Zungenbrecher übt man das spanische stark gerollte „r". Probieren Sie es so schnell wie möglich auszusprechen. Die betonten Vokale sind markiert.

Erre con **e**rre, guit**a**rra;

erre con erre, carr**i**l:

r**á**pido r**ue**dan los c**a**rros,

rápido el ferrocarr**i**l.

LÖSUNG

4 1. amigo; 2. español; 3. música • 5 calor-bailan-flamenco-álbum-playa-tapas-alemán; • 6 pais-café-adiós-América- avion-fútbol

Welche Begrüßung wird zu den folgenden Uhrzeiten benutzt?
Verbinden Sie sie.

A. ¡Buenas noches!   **B.** ¡Buenos días!   **C.** ¡Buenas tardes!

Verbinden Sie die spanischen Ausdrücke mit der entsprechenden Übersetzung.

1. ¡Hasta luego!   ____ **A.** Bis nächste Woche!

2. ¡Hasta mañana!   ____ **B.** Auf Wiedersehen!

3. ¡Adiós!   ____ **C.** Bis bald!

4. ¡Hasta pronto!   ____ **D.** Bis später!

5. ¡Hasta la próxima semana!   ____ **E.** Bis Morgen!

3

Kreuzen Sie die richtige Aussage an.

1. Sie stellen sich vor.
- **A.** Eres de Madrid.
- **B.** Mucho gusto.
- **C.** Me llamo Elena.

2. Sie werden vorgestellt.
- **A.** Encantado/-a.
- **B.** Me llamo Jorge.
- **C.** Bien, gracias.

3. Sie antworten auf die Frage „¿Cómo está usted?".
- **A.** No, no soy alemán.
- **B.** Muy bien, gracias.
- **C.** Mucho gusto.

4. Sie sagen, wo Sie herkommen.
- **A.** Soy de Trieste.
- **B.** No se llama Guillermo.
- **C.** Es española.

Verbinden Sie die Subjektpronomen mit den entsprechenden Personalformen von *ser*.

> son   somos   eres
>
> **yo** tú **él / ella / usted** nosotros / nosotras
>
> **vosotros / vosotras** ellos / ellas / ustedes
>
> soy   sois   **es**

Wie lauten die Nationalitätsadjektive dieser Länder?

1. Italien **2.** Deutschland **3.** Frankreich **4.** England **5.** Schweiz

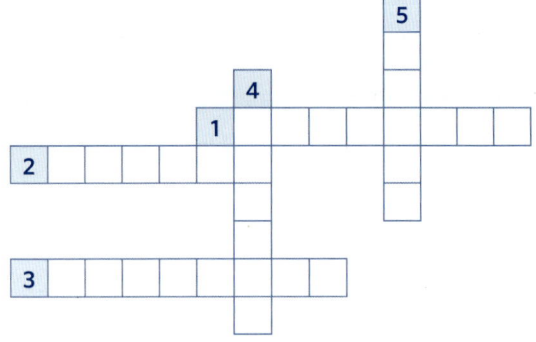

Bringen Sie den Dialog in die richtige Reihenfolge.

___ **A Laura:** Mira, ésta es Elin, un amiga.

___ **B Elin:** Soy de Estocolmo.

___ **C Laura:** Muy bien, ¿y tú?

___ **D Alberto:** ¡Hola, Laura! ¿Cómo estás?

___ **E Laura:** Buenos días, Alberto.

___ **F Alberto:** Encantado, Elin. ¿De dónde eres?

___ **G Alberto:** Bien, gracias.

Beantworten Sie die Fragen mit Ihren persönlichen Angaben.

1. ¿Cómo se llama usted?

_____

2. ¿De dónde es usted?

_____

LÖSUNG

4 yo soy; tú eres; él / ella / usted es; nosotros / -as somos; vosotros / -as
sois; ellos / -as ustedes son • **5 1.** italiano/a; **2.** alemán; **3.** francesa;
4. inglés; **5.** suizo/a • **6** 1D; 2C; 3G; 4A; 5F; 6B • **7 1.** Me llamo + Name;
2. Soy de + Herkunft / Soy + Nationalitätsadjektive

Welchen Beruf haben diese Personen?

1. F _ T _ GR _ F _   **2.** M _ D _ C _   **3.** T _ X _ ST _

4. _ RQ _ _ T _ CT _   **5.** PR _ F _ S _ R   **6.** _ Z _ F T _

2

Vervollständigen Sie die Tabelle.

männlich	weiblich
1. el empleado	la _____
2. el _____	la vendedora
3. el periodista	la _____
4. el _____	la estudiante

3

Wo arbeiten sie? Verbinden Sie Beruf mit Arbeitsort.

1. el camarero	____ **A** un hospital
2. la profesora	____ **B** una empresa
3. la dependienta	____ **C** una tienda
4. el enfermero	____ **D** un restaurante
5. el informático	____ **E** una escuela

5B

LÖSUNG

1 1. fotógrafo; 2. médica; 3. taxista; 4. arquitecta; 5. profesor; 6. azafata •
2 1. empleada; 2. vendedor; 3. periodista; 4. estudiante • **3** 1D; 2E; 3C; 4A;

4

Schreiben Sie die Pluralform der folgenden Begriffe.

un bombero → unos bomberos

1. el taller → _____

2. una pintora → _____

3. la fábrica → _____

5

Welche Antwort ist die richtige? Kreuzen Sie sie an.

1. ¿En qué trabaja usted?
- **A** Soy médico.
- **B** En un hospital.

2. ¿Trabajas en una fábrica?
- **A** Sí, soy periodista.
- **B** No, trabajo en un banco.

6

Wer ist gemeint? Schreiben Sie die entsprechenden Subjektpronomen der Verben.

> yo • tú • él • nosotros • vosotras • ustedes

1. ¿En qué trabajáis? _____

2. No vendemos ese producto. _____

3. ¿Qué tomas: café o té? _____

4. ¿Adónde viajan? _____

5. Estudio Historia del Arte. _____

6. Casi nunca come en casa. _____

····· **7**

Vervollständigen Sie den Dialog mit den Wörtern im Kästchen.

> como • universidad • dedicas
> multinacional • en • traductor

- ¿Tú **1.** _____ qué trabajas?

+ Soy ingeniero. ¿Y a qué te **2.** _____ tú?

- Yo soy **3.** _____ pero ahora trabajo

  4. _____ profesor de español.

+ ¿Dónde trabajas?

- Trabajo en la **5.** _____ .

+ Yo trabajo para una empresa **6.** _____ .

1

Vervollständigen Sie die Vorstellungen mit den Demonstrativpronomen.

> **Éste • Ésta • Éstos • Éstas**

1. _____ son Carmen y Ana, unas amigas.

2. _____ es mi colega Carlos.

3. _____ es mi novia.

4. _____ son mis padres.

2

Was sagen Sie, wenn Sie auf eine Vorstellung reagieren?

Bilden Sie drei Ausdrücke.

> PLACER   ENCANTADO
>
> GUSTO
>
> UN
>
> MUCHO   ES

_____

_____

_____

3

Vervollständigen Sie die Beziehungen mit den Wörtern im Kästchen.

> **tío • hija • primas • hermano • abuela**

1. Guadalupe es la _____ de Luis Miguel, Elena y Silvia.

2. Francisco es el _____ de Luis Miguel.

3. Rosita es la _____ de Jaime.

4. César es el _____ de Marta.

5. Elena y Silvia son las _____ de Luis Miguel.

LÖSUNG

1 1. Éstas; 2. Éste; 3. Ésta; 4. Éstos • **2** Encantado; Mucho gusto; Es un placer • **3** 1. abuela; 2. tío; 3. hija; 4. hermano; 5. primas

4

Verbinden Sie die Familienstandsbegriffe mit den entsprechenden Übersetzungen.

1. soltero/-a	**A**	geschieden
2. casado/-a	**B**	verwitwet
3. separado/-a	**C**	ledig
4. divorciado/-a	**D**	verheiratet
5. viudo/-a	**E**	getrennt

5

Trennen Sie die Beziehungsbegriffe.

NIETOCUÑADAMADRESOBRINOSUEGRO

Vervollständigen Sie den Text mit den Possessivpronomen in der Klammer.

1. *(Mein)* _____ esposo Jaime y yo vivimos en Ciudad de México. **2.** *(Unser)* _____ hijo, César, está casado. **3.** *(Seine)* _____ esposa se llama Lourdes y **4.** *(Sein)* _____ hijo se llama Luis Miguel. Viven en Monterrey. **5.** *(Unsere)* _____ hijas, Marta y Rosita, viven en Guadalajara. Marta está casada con Francisco. **6.** *(Ihre)* _____ hijas se llaman Elena y Silvia. Rosita no está casada pero tiene novio. **7.** *(Ihr)* _____ novio es de España.

Kreuzen Sie die passende Reaktion an.

1. Te presento a mi marido.
- **A** Me llamo Elena.
- **B** Está casado.
- **C** Encantada.

2. ¿Quién es ella?
- **A** Es mi hija Laura.
- **B** Está soltera.
- **C** Ésta es su madre.

3. ¿Quiénes sois?
- **A** Éste es Alejandro.
- **B** Las primas de Jorge.
- **C** Están divorciados

4. ¿Está soltero?
- **A** Ésta es su abuela.
- **B** No se llama Andrés.
- **C** No. Esa es su mujer.

LÖSUNG

6 1. Mi; 2. Nuestro; 3. Su; 4. su; 5. Nuestras; 6. Sus; 7. Su • **7** 1C; 2A; 3B; 4C.

4. 1C; 2D; 3E; 4A; 5B • **5** nieto-cuñada-madre-sobrino-suegro •

1

Finden Sie die fünf Farben, die in diesen Ketten versteckt sind.

1. RACONBLANCOTARES   **2.** REDARAMARILLOLISA

3. MIRECUROJOFACIREL

4. BURLERAZULJERMEN   **5.** GADERIOVERDEINTO

2

Unterstreichen Sie die richtige Adjektivform.

1. María es una chica muy serio/ seria/ serios/ serias.

2. Los niños están nervioso/ nerviosa/ nerviosos/ nerviosas.

3. Ella lleva un sombrero negro/ negra/ negros/ negras.

4. Las bebidas están frío/ fría/ fríos/ frías.

3

Was bedeuten die folgenden Sätze?

1. un viejo amigo
- **A** ein alter (nicht junger) Freund
- **B** ein langjähriger Freund

2. una pobre mujer
- **A** eine bedauernswerte Frau
- **B** eine (ökonomisch) arme Frau

4

Ser oder *estar*? Ordnen Sie die Adjektive zu.

SER	ESTAR

español • contento/-a • rápido/-a • caliente
pelirrojo/-a • enamorado/- a

 5

Verbinden Sie die Personalformen von *tener* mit den entsprechenden Subjektpronomen.

tiene   tenemos   tienes

1. yo   **2.** tú   **3.** él/ella/usted   **4.** nosotros/nosotras

5. vosotros/vosotras   **6.** ellos/ellas/ustedes

tienen   tengo   tenéis

5

6

Wie tragen diese Personen ihre Haare? Verbinden Sie die Beschreibung mit dem entsprechenden Bild.

1. liso: _____   **2.** corto: _____   **3.** Está calvo.: _____

4. canoso: _____   **5.** rizado: _____

7

Was ist das Gegenteil? Verbinden Sie die Wörter.

1. simpático/-a   ____ **A** alto/-a

2. triste   ____ **B** guapo/-a

3. feo/-a   ____ **C** antipático/-a

4. divertido/-a   ____ **D** serio/-a

5. bajo/-a   ____ **E** feliz

8

Vervollständigen Sie die Beschreibung mit den angegebenen Wörtern.

> **barba • lleva • tiene • azules**

¿Cómo es mi chico ideal? Es muy guapo. Es alto, delgado,

1. _____ los ojos **2.** _____ , y tiene el pelo largo y

rubio. No lleva bigote, pero sí tiene **3.** _____ y también

4. _____ gafas.

> **es • está • inteligente • muy**

Es una persona **5.** _____ divertida, nunca **6.**

_____ triste y es muy **7.** _____ . Mi chico ideal se

llama Jacobo y **8.** _____ mi novio.

LÖSUNG

6 1B; 2D; 3E; 4C; 5A • **7** 1C; 2E; 3B; 4D; 5A • **8** 1. tiene; 2. azules; 3. barba; 4. lleva; 5. muy; 6. está; 7. inteligente; 8. es

1

Wie lauten die angegebenen Zahlen des Kreuzworträtsels?

2

Wie spät ist es? Vervollständigen Sie die Uhrzeiten.

1. ____ la una ____ diez.

2. ____ las cinco y ____ .

3. ____ las seis y ____ .

4. Son las ____ ____ cuarto.

5. ____ las once ____ cinco.

6. ____ las ____ .

3

Ordnen Sie die Wörter zu korrekten Sätzen.

1. ¿teléfono tu dar puedes número me de?

_____?

2. número favor su de, por teléfono.

_____ .

3. de 982771 teléfono es número mi el.

_____ .

4

Vervollständigen Sie die Sätze mit den Wörtern im Kästchen.

> efectúa • número • hora • y • las
> salida • horas • a • sale

1. - ¿Qué _____ es?

+ Son _____ tres _____ veinte.

2. - ¿ _____ qué hora _____ el autobús _____ 7?

+ A las cuatro menos veinticinco.

3. El tren _____ su _____ a las diecisiete _____ .

Was machen Sie und in welcher Reihenfolge? Nummerieren Sie die zutreffenden Sätze.

- Me visto
- Me voy al trabajo
- Me levanto
- Como
- Me lavo los dientes

- Me afeito
- Me acuesto
- Me ducho
- Desayuno
- Ceno

Welche Pronomen fehlen? Vervollständigen Sie die Sätze mit den angegebenen Pronomen.

> me • te • se • nos • os

1. Nosotros _____ levantamos a las ocho de la mañana.

2. ¿A qué hora _____ acuestas?

3. Niños, ¿por qué no _____ laváis las manos?

4. Ella _____ peina el cabello.

5. Yo _____ ducho siempre por la mañana.

LÖSUNG

3 1. ¿Me puedes dar tu número de teléfono? **2.** (Por favor) Su número de teléfono, por favor. **3.** Mi número de teléfono es el 982771. • **4 1.** hora, las y; **2.** a, sale, número; **3.** efectúa, salida, horas • **6 1.** nos; **2.** te; **3.** os; **4.** se; **5.** me

1

Ordnen Sie die Buchstaben zu Wochentagen.

1. E N U S L   **2.** A M T R E S   **3.** O M É R E C L I S

_____   _____   _____

4. V E J E S U   **5.** I N R E V E S   **6.** B O S Á D A

_____   _____   _____

7. G I D M O N O

_____

2

Verbinden Sie die Personalformen von *ir* mit den entsprechenden Subjektpronomen.

vamos   van   voy

1. yo   **2.** tú   **3.** él/ella/usted   **4.** nosotros/nosotras

5. vosotros/vosotras   **6.** ellos/ellas/ustedes

va   vas   vais

3

Was ist die Übersetzung der folgenden Sätze?

1. Wollen wir etwas trinken?   ▪ **A** Vale, de acuerdo.

2. Es wäre mir ein Vergnügen.   ▪ **B** ¿Quieres ir al cine?

3. Was möchtest du machen?   ▪ **C** ¿Por qué no tomamos algo?

4. OK, einverstanden.   ▪ **D** Sería un placer.

5. Willst du ins Kino gehen?   ▪ **E** ¿Qué te apetece hacer?

4

Wie sagt man es im Spanischen? Übersetzen Sie.

1. - ¿Quedamos el jueves?

Nein, am Donnerstag kann ich nicht.

+ _____.

2. - ¿Tienes tiempo mañana?

Nein, morgen habe ich keine Zeit.

+ _____.

LÖSUNG

3 1. lunes; **2.** martes; **3.** miércoles; **4.** jueves; **5.** viernes; **6.** sábado; **7.** domingo • **2 1.** voy; **2.** vas; **3.** va; **4.** vamos; **5.** vais; **6.** van • **3 1**C; **2**D; **3**E; **4**A; **5**B • **4 1.** No, el jueves no puedo. **2.** No, mañana no tengo tiempo.

5

Bringen Sie den folgenden Dialog in die richtige Reihenfolge.

____ **A** De acuerdo. ¿Y a qué hora?

____ **B** Perfecto. Hasta el sábado entonces.

____ **C** Vale. ¿Quedamos el viernes por la noche?

____ **D** ¿Te apetece salir la próxima semana?

____ **E** El viernes no puedo, lo siento. Mejor el sábado.

____ **F** ¿Y dónde quedamos? ¿En *El Español*?

____ **G** ¿Qué tal a las diez?

____ **H** Sí, ¡por qué no! Podemos ir al centro a tomar algo.

6

Welche Formen fehlen? Vervollständigen Sie die Reihen.

1. poder: puedo • _____ • puede

podemos • podéis • _____

2. almorzar: _____ • almuerzas • almuerza

_____ • almorzáis • almuerzan

3. acostarse: me acuesto • te acuestas • _____

nos acostamos • _____ • se acuestan

 7

Nummerieren Sie die Häufigkeitsangaben von hoch (1) bis niedrig (5).

▦ nunca   ▦ todos los fines de semana

▦ tres veces por semana   ▦ una vez al mes   ▦ siempre

 8

Beantworten Sie die Fragen entsprechend Ihren Gewohnheiten.

1. ¿Con qué frecuencia almuerza usted fuera de casa?

_____.

2. ¿Con qué frecuencia hace usted deporte?

_____.

LÖSUNG

5 1D; 2H; 3C; 4E; 5F; 6A; 7G; 8B • **6** **1.** puedes, pueden **2.** almuerzo, almorzamos; **3.** se acuesta, os acostáis • **7** siempre - tres veces por semana - todos los fines de semana - una vez al mes - nunca

Wie heißen die folgenden Verkehrsmittel?

1. (el) A _ IÓ _

2. (el) _ _ E _

3. (la) _ I _ I _ _ E _ A

4. (el) _ E _ _ O

5. (el) _ O _ _ E

6. (el) _ _ A _ _ ÍA

7. (la) _ O _ O

8. (el) AU _ O _ Ú _

2

Wie sagt man es? Vervollständigen Sie die Ausdrücke.

1. ir _____ pie

2. tomar _____ taxi

3. ir _____ coche

- **A** un
- **B** en
- **C** a

3

Beantworten Sie die folgenden Fragen.

1. ¿Cómo va usted al trabajo?

_____

2. ¿Cómo va usted al supermercado?

_____

3. ¿Cómo va usted a casa de sus amigos/-as?

_____

4

Wie lauten die Formen von *venir*?

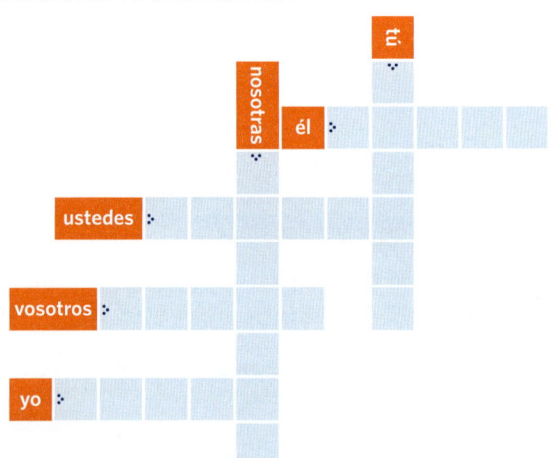

5

Vervollständigen Sie die Sätze mit den Verben im Kästchen.

> abre • viven • pides • venimos • sigo • venís

1. ¿Por qué no _____ un taxi?

2. ¿ _____ del centro de la ciudad?

3. ¿A qué hora _____ el museo?

4. ¿Dónde _____ tus padres?

5. ¿ _____ esta calle o tengo que girar?

6. ¿A qué hora _____ a tu casa?

6

Bringen Sie den Dialog in die richtige Reihenfolge.

____ **A** Sí, cambia a la línea 1 en dirección a Valdecarros.

____ **B** No hay de qué.

____ **C** Claro, tiene que tomar la línea 3 hasta la estación Sol...

____ **D** Aquí tiene. ¿Puede decirme cómo llegar a Atocha?

____ **E** Y después tengo que cambiar, ¿no?

____ **F** Son 14,50 euros.

____ **G** Muchas gracias.

____ **H** Un billete de diez viajes, por favor.

1

Verbinden Sie die Personalformen von **vivir** mit den entsprechenden Subjektpronomen.

vive   viven   vives

1. yo   **2.** tú   **3.** él/ella/usted   **4.** nosotros/nosotras

5. vosotros/vosotras   **6.** ellos/ellas/ustedes

vivís   vivo   vivimos

2

Finden Sie in diesen Ketten fünf Begriffe, die die Stadt betreffen.

1. A R E S O P A R Q U E S T I

2. C O P U E N T E R T E L A

3. B L I R O P L A Z A N E T A

4. L U S O C A L L E R P O R I

5. V A R A V E N I D A B E J O

3

Was bedeuten die fettgedruckten Ausdrücke? Verbinden Sie die Spalten.

1. El museo está **al lado de** la farmacia.   ___ **A** in der Mitte von

2. La oficina de información está **enfrente de** la iglesia.   ___ **B** weit entfernt

3. La Plaza Mayor está **detrás del** cine.   ___ **C** gegenüber

4. La fuente está **en medio de** la plaza.   ___ **D** hinter

5. La estación está **lejos del** supermercado.   ___ **E** neben

4

Markieren Sie das richtige Verb für jede Lücke.

1. Buscamos el Hotel Reconquista, ¿sabe dónde _____?
- hay
- está
- están

2. ¿ _____ un banco en esta calle?
- hay
- está
- están

3. ¿Sabes dónde _____ los multicines?
- hay
- está
- están

5

Was bedeuten die folgenden Ausdrücke?

1. girar a la izquierda   ___ **A** immer geradeaus gehen

2. cruzar el puente   ___ **B** die zweite Straße nehmen

3. ir todo recto   ___ **C** nach rechts abbiegen

4. torcer a mano derecha   ___ **D** nach links abbiegen

5. tomar la segunda calle   ___ **E** die Brücke überqueren

6

Trennen Sie die Formen des Verbs *seguir*.

SIGOSIGUESSIGUESEGUIMOSSEGUÍSSIGUEN

7

Bringen Sie die Wörter in die richtige Reihenfolge.

un • por • cerca • sabe • aquí • hay
Perdone • banco • si

1. _____, ¿_____?

> Castilla • a • decirme • la • de • Puede
> llegar • Plaza • cómo

2. ¿_____?

8

Nummerieren Sie die Bilder anhand der Wegbeschreibung.

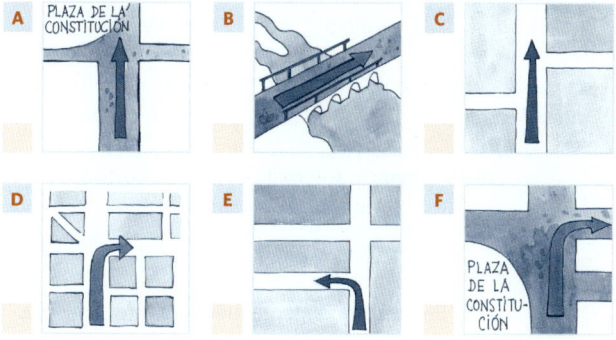

Para ir a la estación usted tiene que doblar a la izquierda en la primera calle y después torcer a la derecha en la segunda calle, es una avenida muy grande. Tiene que seguir todo recto, después cruzar el puente de San Nicolás y seguir recto otra vez hasta la Plaza de la Constitución. La estación está en la segunda calle, a la derecha de la plaza.

LÖSUNG

E1; F6
2 ¿Puede decirme cómo llegar a la Plaza de Castilla? • **8** A5; B4; C3; D2;
7 1. Perdone, ¿sabe si hay (por aquí cerca) un banco por aquí cerca?;
5 1D; 2E; 3A; 4C; 5B • **6** sigo-sigues-sigue-seguimos-seguís-siguen •

1

Vervollständigen Sie das folgende Tagesmenü mit den Wörtern im Kästchen.

Entrante:	Ensalada **1.** _____
Primer plato:	Sopa de **2.** _____
Segundo plato:	**3.** _____ de cerdo
Postre:	**4.** _____ del tiempo
Bebidas:	Vino **5.** _____, blanco,
	6. _____ mineral
Cafés:	Solo, **7.** _____, con leche

A **fruta** B **agua** C **solomillo** D **tinto** E **cortado**
F **mariscos** G **mixta**

2

Ordnen Sie die Begriffe den entsprechenden Kategorien zu.

1. helado de chocolate **2.** lenguado a la parrilla
3. flan **4.** vino rosado **5.** paella al horno **6.** cerveza

A Platos **B** Postres **C** Bebidas

_____ _____ _____

_____ _____ _____

_____ _____ _____

3

Wie heißen die folgenden Gegenstände?

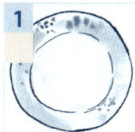 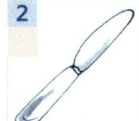  

A tenedor **B** aceite y vinagre **C** salero **D** copa
E cuchara **F** plato **G** cuchillo **H** servilleta

4

Wer sagt das? Kreuzen Sie die richtige Spalte an.

	A Camarero	**B Cliente**
1. Le recomiendo la merluza a la cazuela.	▨	▨
2. De primero, una ensalada mixta.	▨	▨
3. ¿Qué desean de postre?	▨	▨
4. Para beber, ¿qué van a tomar?	▨	▨
5. La cuenta, por favor.	▨	▨
6. ¿Qué nos recomienda?	▨	▨

 5

Wie schmeckt Ihnen das? Kreuzen Sie nach Ihrem Geschmack an!

	Me gusta(n)		No me gusta(n)
	+	+-	-
1. las ensaladas	▨	▨	▨
2. el pescado	▨	▨	▨
3. el café solo	▨	▨	▨

6

Vervollständigen Sie den Dialog mit den Verben in Klammern.

Alberto: ¿Te (gustar) **1.** _____ este restaurante?

Sofie: Sí, es muy bonito. Me (gustar) **2.** _____
mucho comer en restaurantes españoles.

Alberto: ¿Qué (tomar) **3.** _____ tú de primero?

Sofie: Yo (querer) **4.** _____ paella al horno, ¿y
tú?

Alberto: Yo (preferir) **5.** _____ el jamón

serrano con melón. De segundo me (apetecer)

6. _____ langostinos a la parrilla. ¿Te

(gustar) **7.** _____ los langostinos?

Sofie: Sí, mucho.

Alberto: Entonces, de segundo, langostinos para los dos.

 7

Wie ist das Essen? Trennen Sie die Wörter.

La comida está...

SOSADULCESALADAAMARGAPICANTEFRÍA

LÖSUNG

4 1A; 2B; 3A; 4A; 5B; 6B • 6 1. gusta; 2. gusta; 3. tomas; 4. quiero;
5. prefiero; 6. apetecen; 7. gustan • 7 sosa-dulce-salada-amarga-picante-
fría

1

Wie heißen diese Obst- und Gemüsesorten? Die markierten Buchstaben ergeben den Namen eines berühmten Marktes.

1 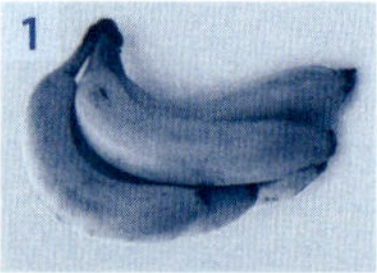

2 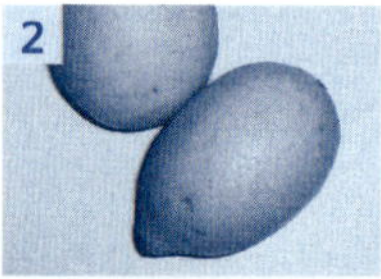

3 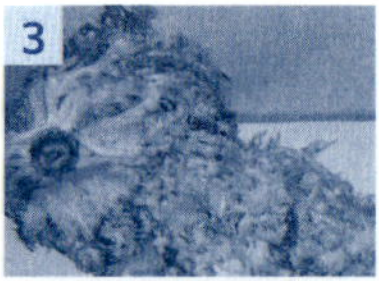

4 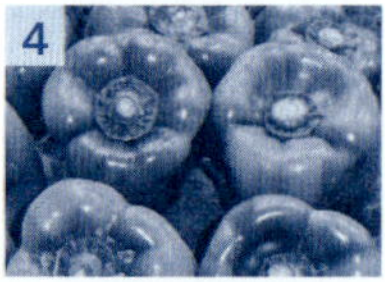

5 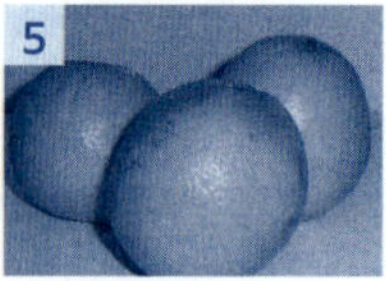

6 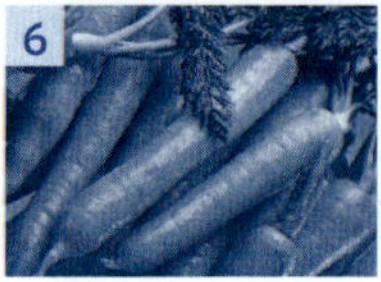

1. _ _ _ _ _ _ _ _
2. _ _ _ _ _ _ _
3. _ _ _ _ _ _ _ _
4. _ _ _ _ _ _ _ _ _
5. _ _ _ _ _ _ _ _
6. _ _ _ _ _ _ _ _ _ _

Lösungswort: L _   B _ Q _ _ _ _ A

2

Verbinden Sie die Mengen mit den entsprechenden Maßeinheiten.

1. medio litro de aceite   ___ **A** ½ kg

2. un kilo de tomates   ___ **B** 100g

3. cien gramos de jamón   ___ **C** 1,5l

4. medio kilo de peras   ___ **D** 1kg

5. un litro y medio de leche   ___ **E** ½ l

3

Kreuzen Sie die richtige Reaktion an.

1. ¿Qué le pongo?
- **A** Déme medio kilo.
- **B** Un kilo de plátanos.

2. ¿Le pongo un kilo de naranjas?
- **A** Mejor dos, por favor.
- **B** ¿Cuánto es?

3. ¿Desea algo más?
- **A** Eso es todo.
- **B** No quiero pimientos.

4. ¿Cuánto es todo?
- **A** Son 20 euros.
- **B** Tres kilos.

LÖSUNG

1 1. plátano; 2. limones; 3. lechuga; 4. pimiento; 5. naranja; 6. zanahoria; Lösungswort: LA BOQUERÍA • **2** 1E; 2D; 3B; 4A; 5C • **3** 1B; 2A; 3A; 4A

4

Vervollständigen Sie die Sätze mit dem Verb **costar**.

1. Dos barras de pan _____ 0,95 euros.

2. Un brik de leche _____ 0,85 euros.

3. Una docena de huevos _____ 1,25 euros.

5

Finden Sie in den Buchstabeschlangen die Verpackungsnamen der Produkte.

1. arroz
UCIPAQUETENO

2. huevos
MERCARTONEON

3. patatas fritas
GRIPABOLSACE

4. atún
MANELATAJIRO

6

Welches Wort passt nicht? Streichen Sie es durch!

1. manzana | queso | limones | plátanos

2. ajo | zanahoria | pan | lechuga

3. leche | vino | sal | cerveza

Wie heißen die Geschäfte, in denen man diese Lebensmittel kaufen kann?

1. verdura: _____

2. pescado: _____

3. carne: _____

Bringen Sie den Dialog in die richtige Reihenfolge.

(**C** = clienta, **V** = vendedora)

___ **A C:** No, gracias, eso es todo. ¿Cuánto es?

___ **B V:** ¿Desea algo más?

___ **C C:** Entonces, quiero un kilo de peras, por favor.

___ **D V:** ¿Qué le pongo?

___ **E V:** Un euro veinte el kilo.

___ **F V:** Son... 4 euros con veinte, por favor.

___ **G C:** Déme un kilo de tomates y tres cebollas, por favor.

___ **H C:** ¿Cuánto cuestan las peras?

● **1**

Finden Sie fünf Zimmernamen dieser Wohnung.

1. SEPASILLOJERUY

2. PLIRCOCINADORA

3. TESALÓNABRIDUS

4. BESDORMITORIOT

5. ZOMINTERRAZAFO

● **2**

Was ist das Gegenteil? Verbinden Sie die Adjektive.

1. luminoso/-a	___ **A** viejo/-a
2. pequeño/-a	___ **B** barato/-a
3. caro/-a	___ **C** oscuro/-a
4. ruidoso/-a	___ **D** grande
5. nuevo/-a	___ **E** tranquilo/-a

3

Vervollständigen Sie die Sätze mit den Informationen aus den Anzeigen.

Se alquila piso nuevo en Torremolinos. Superficie 85 m²; 3 habitaciones, 1 baño, balcón, sin amueblar; céntrico, a 300 metros de la playa. Precio: 500 euros al mes.

Se alquila casa amueblada de 120 m² en Conil. Situada a 300 metros de la playa; 4 habitaciones, 2 baños, terraza y garaje. Precio: 800 euros al mes.

1. El piso de Torremolinos está _____ cerca de la playa

_____ la casa de Conil.

2. El piso de Torremolinos es _____ pequeño

_____ la casa de Conil.

3. El piso de Torremolinos es _____ tranquilo

_____ la casa de Conil.

4. La casa de Conil es _____ cara _____ el piso de Torremolinos.

LÖSUNG

1. 1. pasillo; 2. cocina; 3. salón; 4. dormitorio; 5. terraza • **2** 1C; 2D; 3B; 4E;
5A • **3** 1. tan/como; 2. más/que; 3. menos/que; 4. más/que

•••••• **4**

Vervollständigen Sie die Sätze mit den passenden Fragewörtern.

> **A cuándo** **B cómo** **C cuánto** **D qué** **E adónde**

1. - ¿ _____ es el alquiler del piso? + Son 600 euros.

2. - El jardín, ¿ _____ es? + Es muy grande.

3. - ¿ _____ da el salón? + Da al jardín.

4. - ¿El baño _____ tiene: ducha o bañera? + Solo ducha.

5. - ¿ _____ podemos pasar a ver el piso? + Hoy mismo.

•••••• **5**

Vervollständigen Sie den Dialog mit den Wörtern im Kasten.

> **A bañera** **B estar** **C alquiler** **D vista**
> **E dormitorios** **F piso** **G pasar**

Francisco: ¡Buenos días! Soy Francisco Martínez. Hemos

leído en su anuncio del periódico que alquilan un

1. _____ .

Agente: Sí, sí. Si les interesa pueden pasar a verlo.

Francisco: Con mucho gusto. ¿Cuándo podemos

2. _____?

Agente: Si quieren , esta tarde.

En la casa...

Agente: Miren, aquí está la sala de **3.** _____ con una preciosa **4.** _____ al mar. Esta es la cocina y este es el baño con **5.** _____ y ducha.

María: ¿Y cuánto es el **6.** _____?

Agente: 600 euros al mes.

Francisco: ¿Podemos ver los **7.** _____?

Agente: Sí, claro. Pasen por aquí, por favor.

●**1**

Was bedeuten die Abkürzungen dieser Adressen?

> Berta Hernández Rubio
>
> c/ Camilo Trelles 5, 5º izqda.
>
> 44002 TERUEL

> Hotel RECOLETOS
>
> Pl. de la Constitución, s/n
>
> 06200 Almendralejo

> Manuel Alonso González
>
> Avda. Roca, n.º 9, 4º dcha.
>
> 13004 CIUDAD REAL

1. c/ ____ **A.** sin número

2. izqda. ____ **B.** plaza

3. Pl. ____ **C.** derecha

4. s/n ____ **D.** número

5. Avda. ____ **E.** izquierda

6. n.º ____ **F.** calle

7. dcha. ____ **G.** avenida

2

Wie heißen die fehlenden Ordnungszahlen? Vervollständigen Sie die Reihenfolge.

1⁰/ᵃ primero/-a

1. 2⁰/ᵃ _____

3⁰/ᵃ tercero/-a

2. 4⁰/ᵃ _____

5⁰/ᵃ quinto/-a

3. 6⁰/ᵃ _____

7⁰/ᵃ séptimo/-a

4. 8⁰/ᵃ _____

9⁰/ᵃ noveno/-a

5. 10⁰/ᵃ _____

 3

Wie heißen die folgenden Badezimmerelemente?

  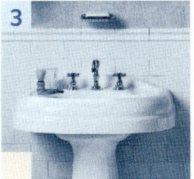

A el wáter **B** el lavabo **C** la repisa

LÖSUNG

1 1F; 2E; 3B; 4A; 5G; 6D; 7C • **2** 1. segundo/-a; 2. cuarto/-a; 3. sexto/-a;
4. octavo/-a; 5. décimo/-a • **3** 1C; 2A; 3B

4

Wie heißen diese Möbelstücke? Tragen Sie die Namen ein

1 **2** **3** **4**

5 **6** **7** **8**

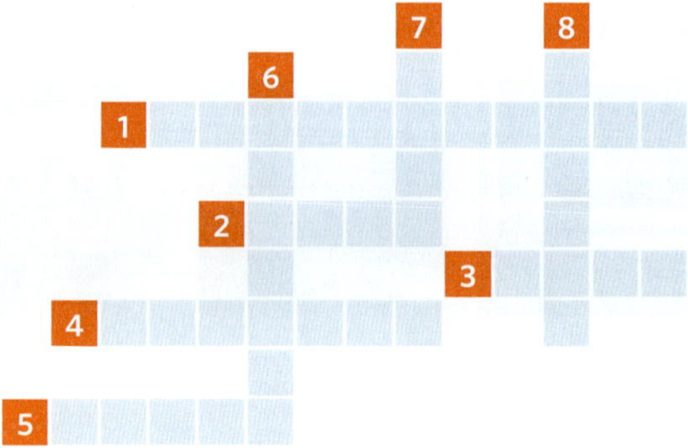

5

Vervollständigen Sie die Sätze mit den entsprechenden Übersetzungen. Achten Sie auf das Substantiv dahinter.

1. El espejo cuelga *(von)* _____ la pared.

2. El secador de pelo está *(unter)* _____ lavabo.

3. La toalla está *(neben)* _____ lavabo.

4. Los productos de aseo están *(auf)* _____ la repisa.

5. El wáter está *(zwischen)* _____ la bañera y el armario.

6

Beantworten Sie die Fragen mit Ihren persönlichen Angaben.

1. ¿Dónde vive? _____

2. ¿Quién vive con usted? _____

3. ¿Cuántas habitaciones tiene su piso/ casa? _____

LÖSUNG

1 1. calefacción; **2.** mesa; **3.** sofá; **4.** armario; **5.** silla; **6.** lámpara; **7.** cama; **8.** sillón • **2 1.** de; **2.** debajo del; **3.** al lado del; **4.** sobre; **5.** entre

1

Was bedeuten die folgenden Zeitadverbien?

1. todavía	___ **A** heute
2. pasado mañana	___ **B** bald
3. ya	___ **C** morgen
4. mañana	___ **D** übermorgen
5. hoy	___ **E** schon
6. pronto	___ **F** noch

2

Vervollständigen Sie das Sprichwort über die Monate.

„Treinta días tiene **1.** n_____, con **2.**

a_____, **3.** j_____ y **4.** s_____;

veintiocho sólo uno y los demás treinta y uno."

3

Welche Monate haben 31 Tage? Die angegebenen Buchstaben ergeben in der richtigen Reihenfolge den Namen des kürzesten Monats.

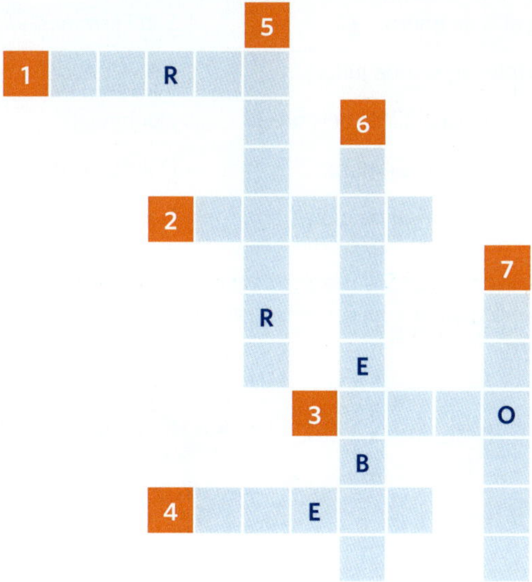

5
1
R
6
2
7
R
E
3
O
B
4
E

Lösungswort: F ___ ___ ___ ___ ___ ___

LÖSUNG

1 **1**F; **2**D; **3**E; **4**C; **5**A; **6**B • **2** **1.** noviembre; **2.** abril; **3.** junio; **4.** septiembre; • **3** **1.** marzo; **2.** julio; **3.** mayo; **4.** enero; **5.** octubre; **6.** diciembre; **7.** agosto; Lösungswort: febrero

4

Wie heißen die Feste, die an den folgenden Terminen gefeiert werden?

1. Se celebra el 1 de enero. ___ **A** Día de la Hispanidad

2. Es el 6 de enero. ___ **B** San Fermines

3. Empiezan el 7 de julio. ___ **C** Año Nuevo

4. Se celebra el 12 de octubre. ___ **D** Nochevieja

5. Es el 25 de diciembre. ___ **E** Día de los Reyes Magos

6. Se celebra el 31 de diciembre. ___ **F** Navidad

 5

Verbinden Sie die Jahreszeiten mit den entsprechenden Bildern.

1. el otoño ___

2. el verano ___

3. la primavera ___

4. el invierno ___

6

Welche Begriffe verstecken sich in den Buchstabenschlangen?

1. T E S O F I E S T A L O T O P U S E

2. T A L O F E L I C I T A C I O N S O

3. M A R U S O R P R E S A T R I L L I

4. M I S T U R E G A L O I S V I S O S

5. P O S T A R T A R I T O T R E A T O

 7

Verbinden Sie die Sätze mit der passenden Reaktion.

1. ¡Feliz cumpleaños!   ____ **A** Cumplo cuarenta.

2. ¿Cuántos años tienes?   ____ **B** El 11 de febrero.

3. ¿Cuántos años cumples?   ____ **C** Treinta.

4. ¿Cuándo es tu cumpleaños? ____ **D** No, todavía no.

5. ¿Celebras pronto tu   ____ **E** ¡Muchas gracias!
cumpleaños?

LÖSUNG

4 1C; 2E; 3B; 4A; 5F; 6D • **5** 1C; 2B; 3A; 4D • **6** 1. fiesta; 2. felicitación;
3. sorpresa; 4. regalo; 5. tarta • **7** 1E; 2C; 3A; 4B; 5D

Übersetzen Sie den spanischen Text des Geburtstagsliedes ins Deutsche.

¡Cumpleaños feliz!, ¡Cumpleaños feliz!

_____

Te deseamos todos, ¡cumpleaños feliz!

_____

Verbinden Sie die Satzteile.

1. Yo   ____ **A** van a llamar por teléfono.

2. Su novio   ____ **B** va a hacer una tarta.

3. Nosotros   ____ **C** voy a escribir la felicitación.

4. Vosotras   ____ **D** vamos a ir a la fiesta.

5. Sus padres   ____ **E** vais a comprar el regalo.

10

Beantworten Sie die Fragen mit den Informationen des Textes.

> **Querida Lola:** Valencia, 2 de mayo de 2009
>
> ¡Sorpresa! Hoy es 4 de mayo, ¡tu cumpleaños! ¡Cómo pasa el tiempo! ¿Cuántos años cumples? Sí, 30. Tienes ya treinta años, querida amiga. ¡Todos nos hacemos viejos!
>
> Es el primer año que no estás aquí para celebrar tu cumpleaños todos juntos, pero todavía nos acordamos mucho de ti. Vamos a comprar una tarta y a brindar por ti.
>
> Todos tus amigos te deseamos un año más de éxitos en Berlín. ¡Te echamos de menos!
>
> ¡Regresa pronto!   ¡Muchas felicidades!
>
> ¡Pasa un buen día!   ¡Feliz cumpleaños!
>
> un beso, Pablo y Ana   abrazos, Carmen y Berta

1. ¿Quién cumple años? _____

2. ¿Cuántos años cumple? _____

3. ¿Qué van a hacer sus amigos? _____
_____

 11

Beantworten Sie die Fragen.

1. ¿Cuántos años tiene usted? _____

2. ¿Cuándo es su cumpleaños? _____

LÖSUNG

8 Alles Gute zum Geburtstag! Alles Gute zum Geburtstag! Wir wünschen dir alle alles Gute zum Geburtstag! • **9** 1C; 2B; 3D; 4E; 5A • **10** 1. Lola; 2. 30 años; 3. Van a comprar una tarta y a brindar por ella.

1

Welche der folgenden Sportarten üben Sie aus? Kreuzen Sie sie an!

- el patinaje
- el montañismo
- el ciclismo
- la equitación
- el golf

- el esquí acuático
- la vela
- el piragüismo
- el tenis
- el footing

2

Vervollständigen Sie die Sätze mit den Adjektiven im Kästchen.

> **A** rápido **B** sanísima **C** peligrosa **D** divertido **E** lentísimo

1. El golf es _____.

2. El montañismo es una actividad deportiva _____.

3. El patinaje es el más _____ de todos los deportes.

4. El footing es una actividad _____.

5. El esquí acuático es un deporte muy _____.

3

Vervollständigen Sie den Satz mit den Elementen unten.

- ¿Adónde vais el sábado? + Vamos...

1. _____ cine **2.** _____ teatro

3. _____ exposición de arte

4. _____ ópera **5.** _____ concierto

> a una • a la • al • a un • al

Wie heißen die folgenden Freizeitaktivitäten? Die markierten
Buchstaben ergeben einen Begriff, der in Verbindung mit dem
Thema steht.

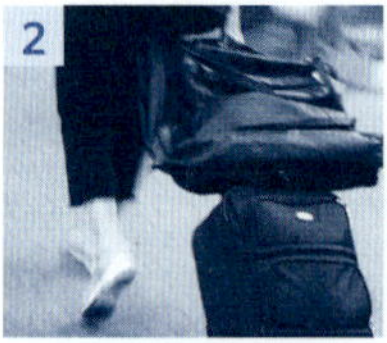

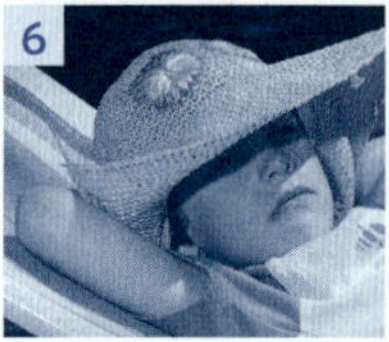

1.

2.

3.

4.

5.

6.

Lösungswort: E M   L

5

Vervollständigen Sie die Sätze mit den Verben im Kästchen.

> gustaría • quería • apetecería

1. Yo _____ salir a tomar algo, pero tengo mucho trabajo.

2. ¿Te _____ ir a bailar?

3. Me _____ mucho hacer el Camino de Santiago.

 6

Was sind Ihre Wünsche? Kreuzen Sie das Zutreffende an.

1. Este fin de semana me gustaría…

   ▓ ir a nadar   ▓ visitar a los amigos   ▓ salir a cenar

2. Me gustaría conocer…

   ▓ México   ▓ Guatemala   ▓ Perú

LÖSUNG

4 1. pintar; 2. viajar; 3. pescar; 4. cocinar; 5. bailar; 6. descansar;
Lösungswort: tiempo libre • **5** 1. quería; 2. apetecería; 3. gustaría

7

Welchen Verbformen entsprechen die Subjektpronomen?

podemos sabes podéis

puede sabemos puedo pueden

sabéis sé puedes saben

sabe

1. yo: _____, _____

2. tú: _____, _____

3. él, ella, usted: _____, _____

4. nosotros/-as: _____, _____

5. vosotros/-as: _____, _____

6. ellos/-as, ustedes: _____, _____

8

¿**Saber** oder **poder**? Kreuzen Sie die richtige Antwort an.

1. No sé qué _____ hacer, ¿y tú?

   ▦ **A** sabemos   ▦ **B** podemos

2. ¿ _____ cómo se prepara la paella?

   ▦ **A** sabes   ▦ **B** puedes

3. María _____ esquiar pero no practica el deporte.

    ▨ **A** sabe   ▨ **B** puede

4. Si quieres, yo _____ enseñarte a jugar al golf.

    ▨ **A** sé   ▨ **B** puedo

5. ¿ _____ hablar italiano?

    ▨ **A** sabéis   ▨ **B** podéis

9

Bringen Sie den Dialog in die richtige Reihenfolge.

____ **A Roberto:** Bueno, vale; lo importante es salir un poco de la ciudad. ¡Necesito naturaleza!

____ **B Roberto:** Eso quería proponer yo. ¿Os gustaría ir a Beceite?

____ **C Inés:** Genial, entonces nos vamos a Benice. Voy a llamar a Guillermo.

____ **D Inés:** No sé, no tenemos ningún plan todavía. ¿Por qué no hacemos una excursión los tres?

____ **E Inés:** ¿No te apetecería más hacer piragüismo?

____ **F Roberto:** Oye, Inés, ¿qué vais a hacer tú y Guillermo este fin de semana?

LÖSUNG

7 1. puedo, sé; 2. puedes, sabes; 3. puede, sabe; 4. puedo, sabemos; 5. podéis, sabéis; 6. pueden, saben • **8** 1B; 2A; 3A; 4B; 5A • **9** 5A; 3B; 6C; 2D; 4E; 1F

1

Wie heißen diese Kleidungsstücke?

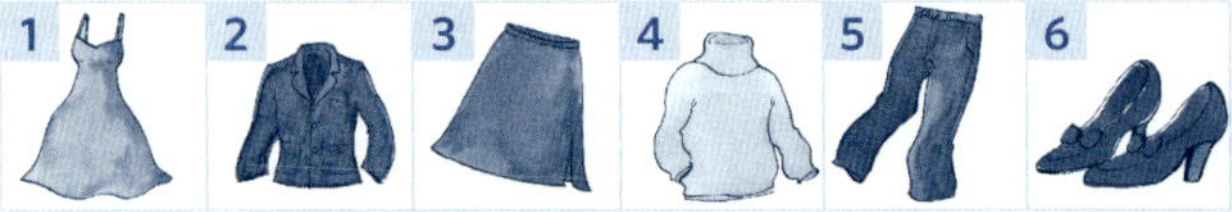

1	2	3	4	5	6

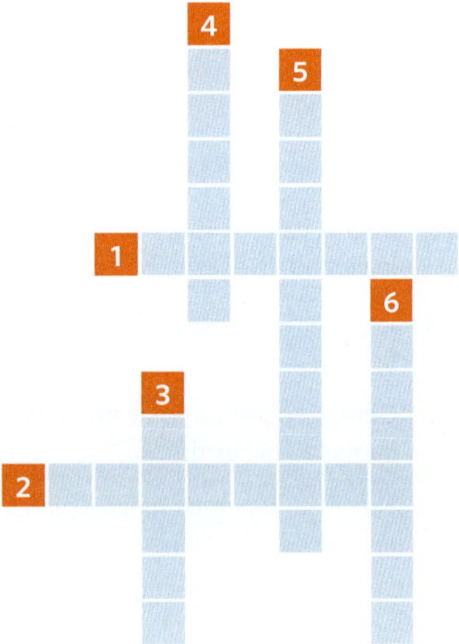

2

Finden Sie zu den Farben die passenden Ausdrücke.

1. blanco   ____ **A** el limón

2. amarillo   C   ____ **B** la noche

3. azul   O   ____ **C** una manzana

4. verde   M   ____ **D** el chocolate

5. marrón   O   ____ **E** el cielo

6. negro   ____ **F** la leche

 3

Vervollständigen Sie die Sätze mit dem entsprechenden Pronomen.

> **A** lo   **B** la   **C** los   **D** las

1. Tenemos estas botas. ¿Se _____ quiere probar?

2. Necesito un jersey. _____ quiero ancho y de color azul.

3. Los tejanos en negro no me gustan. ¿ _____ tiene en otro color?

4. Esta blusa me gusta mucho. ¿Me _____ puedo probar?

4

Welcher Begriff entspricht den Bildern?

> **A** la camisa **B** la bufanda **C** los guantes **D** la corbata
> **E** la camiseta **F** las botas

1

2

3

4

5

6

5

¿**Queda** oder **quedan**? Vervollständigen Sie die Sätze.

1. ¿Cómo le _____ los pantalones?

2. Ese abrigo no te _____ bien.

3. ¿Qué tal me _____ la falda?

4. Esos zapatos le _____ mal.

6

Auf was beziehen sich die folgenden Sätze?

1. Me queda ancho. ___ **2.** Me quedan grandes. ___

3. Me queda estrecha. ___ **4.** Me quedan pequeñas. ___

A esas camisetas **B** la chaqueta **C** los guantes **D** el vestido

7

Was bedeuten die folgenden Begriffe?

1. la talla ___ **A** *Schnitt*

2. el probador ___ **B** *Umkleidekabine*

3. el corte ___ **C** *Größe*

4. en efectivo ___ **D** *Karte*

5. la tarjeta ___ **E** *bar*

8

Welcher Antwort entsprechen die folgenden Fragen?

1. ¿De qué color quiere los zapatos?   ___ **A** En efectivo.

2. ¿Me lo puedo probar?   ___ **B** Es demasiado corto.

3. ¿Qué le parece la falda?   ___ **C** La 38.

4. ¿Qué talla necesita?   ___ **D** Enseguida se la traigo.

5. ¿Cómo le queda el cinturón?   ___ **E** Es demasiado larga.

6. ¿Me puede traer una talla más grande?   ___ **F** Aquí está el probador.

7. ¿Cómo va a pagar?   ___ **G** ¿Los tiene en negro?

9

Bringen Sie den Dialog in die richtige Reihenfolge.

___ **A Clienta:** En gris oscuro o negro.

___ **B Clienta:** No sé... ¿Me los puedo probar?

___ **C Vendedora:** Buenas tardes, ¿qué desea?

___ **D Clienta:** La 38 o la 40, depende un poco del corte.

___ **E Vendedora:** ¿Y de qué color los quiere?

___ **F Vendedora:** Aquí tiene unos en negro y otros en gris. ¿Qué le parecen?

____ **G Vendedora:** ¿Cuál es su talla?

____ **H Vendedora:** Por supuesto. Los probadores están al fondo del pasillo.

____ **I Clienta:** Quería unos pantalones.

···10

Ordnen Sie die Satzelemente der Kundin.

Vendedora: ¿Cómo le quedan?

Clienta: un quedan Me anchos poco.

1. _____.

Clienta: ¿puede pequeña talla traer una Me más?

2. ¿_____?

Vendedora: Aquí tiene. Ésta es una 40.

Clienta: quedan muy Éstos bien me. los llevar Me a voy.

3. _____ . _____ .

1

Welche Pronomen fehlen? Vervollständigen Sie die Sätze.

A mí	**1.** _____	
A ti	te	gusta
A él/ a **2.** _____ / a usted	le	ir
A nosotros/ a nosotras	**3.** _____	de
A **4.** _____ / a vosotras	os	compras
A ellos/ a ellas/ a **5.** _____	**6.** _____	

2

Ordnen Sie die Begriffe den Kategorien zu.

Ropa	Mercadillo	Colores

A **libros** B **tejanos** C **cedés y discos** D **verde** E **ropa usada**

F **pantalón** G **bisutería** H **amarillo** I **zapatos** J **azul**

K **herramientas** L **blanco** M **antigüedades** N **falda**

O **abrigo** P **marrón** Q **chaqueta** R **negro**

3

Vervollständigen Sie die Sätze mit den Pronomen im Kästchen.

le • os • les • te • nos • me

1. ¿Qué _____ gusta más a tu amiga: los libros o las flores?

2. A los turistas _____ gusta darse una vuelta por el Rastro.

3. Si _____ gusta la bisutería, tenéis que ir a ese puesto.

4. A mí _____ encanta comprar en los mercadillos.

5. A nosotras _____ encantan los zapatos de esa marca.

6. ¿A ti qué color _____ gusta más?

LÖSUNG

1 1. me; 2. ella; 3. nos; 4. vosotros; 5. ustedes; 6. les • **2** Ropa: B, F, I, N, O, Q; Mercadillo: A, C, E, G, K, M; Colores: D, H, J, L, P, R • **3** 1. le; 2. les; 3. os; 4. me; 5. nos; 6. te

4

Schreiben Sie die entsprechenden Zahlen.

1. novecientos noventa y nueve: _____

2. trescientos ochenta y seis: _____

3. ciento veintiocho: _____

4. quinientos once: _____

5. setecientos cincuenta y cuatro: _____

5

Schreiben Sie die Zahlen als spanische Wörter neben der entsprechenden Übersetzung des Substantivs.

1. 21 *Bücher*: _____

2. 41 *(Schall)Platten*: _____

3. 61 *Antiquitäten*: _____

4. 101 *Fahrräder*: _____

6

Beantworten Sie die Fragen indem Sie den angegebenen Satz übersetzen.

1. -¿Para quién es este regalo?

+ *(Für dich und für mich.)* _____.

2. -¿Para quién son las flores?

+ *(Für sie.)* _____.

3. -¿Para quién son estos libros?

+ *(Für euch)* _____.

7

Vervollständigen Sie den Dialog mit den richtigen Pronomen.

> las • te • lo • se • me • la • se • los

1. - ¿A quién vas a regalar la lámpara? + ___ ___ voy a regalar a mi abuela.

2. - ¿Y las herramientas? + ___ ___ voy a dar a mi padre.

3. - ¿Y este disco? + ___ ___ regalo a ti.

4. - ¿Y los libros? + ___ ___ quedo yo.

8

Mit den Wörtern im Kästchen vervollständigen Sie Javiers
E-Mail an Raquel, die neu in der Stadt ist.

> tiendas • puestos • compras • segunda • mercadillo

¿Qué tal estás, Raquel?
¿Quieres ir hoy
de 1. _____? Pues
estás de suerte: los
domingos hay un

2. _____ en el Barrio
Viejo: deberías ir.
Allí puedes encontrar ropa de 3. _____ mano y,
sobre todo, libros. Es mejor ir por la mañana
porque por la tarde hay pocos 4. _____.
Las 5. _____ están hoy también abiertas hasta
las 6 de la tarde. Ya ves, posibilidades no faltan.
Besos,
Daniel

Kreuzen Sie die richtige Silbe der folgenden Wörter an.

1. anti-   ▢ **A.** guo   **2.** anti-   ▢ **A.** gue   -dad
         ▢ **B.** güo   ▢ **B.** güe

3. para-   ▢ **A.** guas   **4.** para-   ▢ **A.** gue   -ro
         ▢ **B.** güas   ▢ **B.** güe

5. len-   ▢ **A.** gua   **6.** lin-   ▢ **A.** guís   -tica
         ▢ **B.** güa   ▢ **B.** güís

7. bilin- ▢ **A.** gue   **8.** bilin- ▢ **A.** guis   -mo
         ▢ **B.** güe   ▢ **B.** güis

8 1. compras; **2.** mercadillo; **3.** segunda; **4.** puestos; **5.** tiendas • **9 1A;** 2B;
3A; 4B; 5A; 6B; 7B; 8B

LÖSUNG

1

Vervollständigen Sie die Köperteile mit den fehlenden Vokalen.

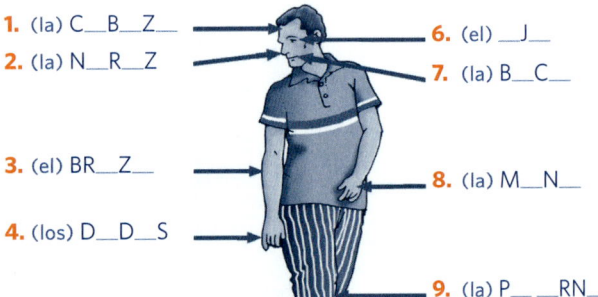

1. (la) C__B__Z__

2. (la) N__R__Z

3. (el) BR__Z__

4. (los) D__D__S

5. (el) P__ __

6. (el) __J__

7. (la) B__C__

8. (la) M__N__

9. (la) P__ __RN__

10. (los) D__D__S

2

Vervollständigen Sie die Tabelle mit den fehlenden Imperativ-formen.

tú	toma	**3.** _____	vive
usted	**1.** _____	beba	**5.** _____
vosotros/-as	tomad	**4.** _____	vivid
ustedes	**2.** _____	beban	**6.** _____

3

Was bedeuten die folgenden Ausdrücke?

1. Tengo fiebre.   ___ **A** *Ich niese.*

2. Estoy mareado/-a.   ___ **B** *Ich habe Halsschmerzen.*

3. Tengo diarrea.   ___ **C** *Ich habe Husten.*

4. Tengo tos.   ___ **D** *Ich habe Fieber.*

5. Estornudo.   ___ **E** *Mir ist schwindelig.*

6. Tengo dolor de garganta.   ___ **F** *Ich habe Durchfall.*

4

Verneinen Sie die Sätze.

1. ¡Llamen a un médico!   ¡No _____ al médico!

2. Entre, por favor.   ¡No _____ todavía!

3. Comed sano.   ¡No _____ eso!

4. Toma un analgésico.   ¡No _____ analgésicos!

5. Escriba aquí su nombre.   ¡No _____ nada!

Wie heißen die folgenden Körperteile im Spanischen?

1. *Backenzähne*   **2.** *Ellbogen*   **3.** *Knie*

4. *Handgelenk*   **5.** *Ohr*   **6.** *Rücken*

Was bedeuten die folgenden Ausdrücke? Übersetzen Sie sie.

1. ¡Quítese la camisa!

_____

2. ¡Acuéstese!

_____

3. Guarde reposo.

_____

7

Vervollständigen Sie die Dialoge mit den angegebenen Wörtern.

> **A** acostarse **B** analgésico **C** mareado **D** muelas
> **E** cabeza **F** dentista

- Tengo dolor de **1.** _____.

+ Tienes que ir al **2.** _____.

- Estoy **3.** _____.

+ Lo mejor es relajarse y **4.** _____.

- Tengo dolor de **5.** _____.

+ Toma un **6.** _____.

LÖSUNG

5 1. muelas; **2.** codo; **3.** rodilla; **4.** muñeca; **5.** oído; **6.** espalda • **6 1.** Ziehen Sie das Hemd aus! **2.** Legen Sie sich hin! **3.** Ruhen Sie sich aus. • **7 1D**; **2F**; **3C**; **4A**; **5E**; **6B**

Vervollständigen Sie das Rezept für ein gesundes Leben.

> **A** acuéstese **B** evite **C** relájese **D** coma **E** viva **F** no tome
> **G** no trabaje **H** beba

„**1.** _____ mucha verdura. **2.** _____ las

grasas y **3.** _____ muchos líquidos, pero **4.**

_____ demasiado alcohol. **5.** _____

demasiado. **6.** _____ y **7.** _____ temprano; y

sobre todo i **8.** _____ la vida!"

Bringen Sie den Dialog in die richtige Reihenfolge.

___ **A Paciente:** Me duele la espalda al sentarme.

___ **B Doctor:** No, no hace falta. Basta con relajarse y hacer deporte.

___ **C Paciente:** Pues no. Tengo mucho trabajo y poco tiempo libre.

___ **D Paciente:** Me siento muy mal, doctor.

___ **E Doctor:** Tiene que hacer deporte. Lo mejor para la espalda es hacer deporte dos o tres veces por semana.

___ **F Doctor:** Pase, pase. Siéntese, por favor. ¿Qué le pasa?

___ **G Paciente:** ¿No me va a recetar nada?

___ **H Doctor:** A ver... Quítese la camisa, por favor, y acuéstese allí. Relájese. ¿Usted hace deporte?

___ **I Doctor:** Vamos a ver. ¿Qué le duele?

8 1. coma; 2. evite; 3. beba; 4. no tome; 5. no trabaje; 6. relájese; 7. acuéstese; 8. viva • **9** 1F; 2D; 3I; 4A; 5H; 6C; 7E; 8G; 9B

LÖSUNG

19

1

Wie lauten die Ausdrücke für das Wetter auf den folgenden
Bildern? Die markierten Buchstaben ergeben den Namen
eines weiteren atmosphärischen Phänomens.

   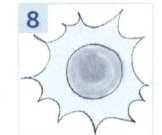

1. HACE ⬜⬜ ⬜⬜ ⬜⬜

2. ⬜⬜ ⬜⬜⬜⬜

3. HAY ⬜⬜⬜⬜⬜⬜

4. HACE ⬜⬜⬜⬜⬜

5. ESTÁ ⬜⬜⬜⬜⬜⬜ ⬜

6. ⬜ ⬜⬜

7. HACE ⬜⬜⬜

8. ESTÁ ⬜⬜⬜⬜⬜⬜

		R					I

2

Ordnen Sie die Elemente der Fragen.

¿hoy hace tiempo Qué?

1. _____.

¿previsión mañana Cuál la es para?

2. _____.

 3

Kreuzen Sie die richtige Option an.

1. Hace _____ buen tiempo.
    ▨ **A** muy   ▨ **B** mucho   ▨ **C** muchos

2. En otoño siempre hay _____ niebla.
    ▨ **A** muy   ▨ **B** mucho   ▨ **C** mucha

3. En invierno nieva _____ en las montañas.
    ▨ **A** muy   ▨ **B** mucho   ▨ **C** muchas

4. Hoy hace _____ calor.
    ▨ **A** muy   ▨ **B** mucho   ▨ **C** muchos

•••••• **4**

Schreiben Sie die Bezeichnungen der Himmelsrichtungen an den entsprechenden Platz der Windrose.

> **A** Sur **B** Sureste **C** Oeste **D** Noreste **E** Suroeste
> **F** Norte **G** Este **H** Noroeste

1. ____

8. ____   2. ____

7. ____   3. ____

6. ____   4. ____

5. ____

••••••

Bilden Sie Adverbien aus den folgenden Adjektiven.

1. rápido/ -a   → _____

2. ligero/ -a   → _____

3. suave   → _____

4. lento/ -a   → _____

5. regular   → _____

··· 6

Verbinden Sie die Futurformen von **estar** mit den entsprechenden Subjektpronomen.

> **A** estará   **B** estarán   **C** estarás
>
> **1.** yo   **2.** tú   **3.** él/ ella/ usted   **4.** nosotros/ nosotras
>
> **5.** vosotros/ vosotras   **6.** ellos/ ellas/ ustedes
>
> **D** estaréis   **E** estaré   **F** estaremos

··· 7

Was bedeuten die folgenden Ausdrücke?

1. costa atlántica   ____ **A** *Hochlagen*

2. peligro de nevadas   ____ **B** *gelegentlich bewölkt*

3. cotas altas   ____ **C** *Höchsttemperaturen*

4. temperaturas máximas   ____ **D** *atlantische Küste*

5. intervalos nubosos   ____ **E** *Gefahr von Schneefall*

Vervollständigen Sie den Wetterbericht mit den Verben im Kästchen.

A habrá **B** lloverá **C** estarán **D** subirán **E** soplarán **F** estará

1. ____ débilmente sobre la costa atlántica. Hay peligro de nevadas en las cotas altas de los Pirineos. En las comunidades del centro y en Cataluña los cielos **2.** ____ nublados o ligeramente nublados. Los vientos **3.** ____ fuertemente del este, con más fuerza en la costa mediterránea. En Andalucía el cielo **4.** ____ soleado y las temperaturas máximas **5.** ____. En la zona de las Baleares y en el archipiélago canario **6.** ____ intervalos nubosos.

Vervollständigen Sie den Dialog mit den Verben in Klammern im Futur.

Antón: Y tú, Luis, ¿adónde **1.** (ir) _____ el próximo verano?

Luis: ¡A Perú!

Antón: ¿A Perú? ¡Qué bien! ¿Y cuánto tiempo **2.** (estar) _____ allí?

Luis: Dos semanas.

Antón: ¿**3.** (subir) _____ al Machu Picchu?

Luis: Claro, pero antes **4.** (visitar, nosotros) _____ la capital y otros lugares de interés **5.** (ser) _____ un viaje interesante.

Antón: Os lo **6.** (pasar) _____ muy bien, seguro.

Vervollständigen Sie die Bezeichnungen dieser Bilder.

1. _ _A_ _I_ _A_ _IÓ_
   _ _O_ _ _E

2. _ _A_ _I_ _A_ _IÓ_
   I_ _ _I_ _I_ _UA_ _ _O_
   _ _A_ _O

3. _ _A_ _I_ _A_ _IÓ_ _ _O_
   _ _E_ _A_ _U_ _O

4. _ _E_ _ _IÓ_
   _ _O_ _ _ _ _E_ _A

Welche Reaktion passt zu diesen Fragen?

1. ¿Está el desayuno incluido?
   - A Sí, son separadas.
   - B No, es aparte.

2. ¿La habitación da a la calle?
- **A** No, a un patio interior.
- **B** Sí, es muy tranquila.

3. ¿Tienen una habitación libre?
- **A** ¿Qué tipo de habitación desea?
- **B** Sí, en temporada alta.

4. ¿Cuál es el precio en temporada baja?
- **A** Sólo en temporada alta.
- **B** ¿Con desayuno incluido?

3

Was bedeuten die folgenden Ausdrücke?

1. todavía no	____ **A** *nie*
2. esta mañana	____ **B** *häufig*
3. muchas veces	____ **C** *kürzlich*
4. alguna vez	____ **D** *noch nicht*
5. últimamente	____ **E** *heute Morgen*
6. nunca	____ **F** *manchmal*

1 1. habitación doble; 2. habitación individual con baño; 3. habitación con desayuno; 4. pensión completa • **2** 1B; 2A; 3A; 4B • **3** 1D; 2E; 3B; 4F; 5C; 6A

4

Bringen Sie den Dialog in die richtige Reihenfolge.

___ **A Recepcionista:** Muchas gracias. Su habitación es la

número 15. Aquí tiene la llave.

___ **B Pablo:** Domínguez.

___ **C Recepcionista:** Buenos días, señores, ¿qué desean?

___ **D Pablo:** Gracias.

___ **E Recepcionista:** ¿Su nombre, por favor?

___ **F Pablo:** Hola, buenos días. Hemos reservado una

habitación con baño para este fin de

semana.

___ **G Pablo:** Sí claro. ... Aquí tiene.

___ **H Recepcionista:** Ah, sí, aquí está, señores Domínguez.

¿Pueden rellenar esta ficha, por favor?

5

Vervollständigen Sie die Fortsetzung des oberen Dialogs mit
den Begriffen im Kästchen.

> **A recepción B desayuno C maletas D comedor**
> **E caja fuerte F piscina**

Pablo: Perdone, ¿cuándo y dónde se puede desayunar?

Recepcionista: El **1.** ___ es de 7:00 a 10:00 en el **2.** ___ , a la derecha del bar.

Pablo: Y la **3.** ___, ¿dónde está?

Recepcionista: Aquí a la izquierda.

Pablo: Una pregunta más: ¿Hay **4.** ___ en la habitación?

Recepcionista: Sí, por supuesto. Por cierto, su habitación está en la primera planta. ¿Tienen equipaje?

Pablo: Sólo dos **5.** ___.

Recepcionista: Hay un ascensor aquí mismo, al lado de la **6.** ___.

6

Von welcher Grundform stammen diese Partizipien?

1. viajado: _____

2. recibido: _____

3. ido: _____

4. abierto: _____

5. dicho: _____

6. hecho: _____

7. visto: _____

8. escrito: _____

7

Verbinden Sie die Präsensformen von **haber** mit den entsprechenden Subjektpronomen.

> ha   habéis   he
>
> **yo**   **tú**   **él/ ella/ usted**   **nosotros/ nosotras**
>
> **vosotros/ vosotras**   **ellos/ ellas/ ustedes**
>
> has   han   hemos

8

Vervollständigen Sie die Sätze mit dem Verb in Klammern im Perfekt.

1. - ¿(hacer, tú) _____ ya la reserva?

   + Sí, (llamar, yo) _____ esta semana.

2. El grupo de turistas (llegar) _____ esta mañana al hotel.

3. +¿Qué museo (visitar, vosotros) _____ hoy?

   - (estar, nosotros) _____ en el Prado.

4. - ¿(tener, ustedes) _____ algún problema durante el viaje?

   + No, todo (salir) _____ muy bien.

Beantworten Sie die Fragen gemäß Ihrer Erfahrung.

	Sí	No
1. ¿Ha estado últimamente en España?	▨	▨
2. ¿Ha comido paella este mes?	▨	▨
3. ¿Ha bailado flamenco muchas veces?	▨	▨
4. ¿Ha ido alguna vez a una corrida de toros?	▨	▨
5. ¿Ha hecho ya un crucero por el Mediterráneo?	▨	▨

LÖSUNG

7 1. yo he; 2. tú has; 3. él/ ella/ usted ha; 4. nosotros/-as hemos; 5. vosotros/-as habéis; 6. ellos/-as/ ustedes han • **8** 1. has hecho; 2. he llamado; 3. ha llegado; 4. habéis visitado; 5. hemos estado; 6. han tenido; 7. ha salido

1

Wie heißen die folgenden Aktivitäten?

 1
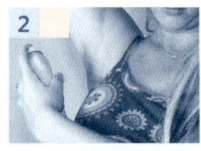 2
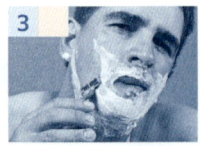 3

 4
 5
 6

A lavarse las manos B peinarse C echarse desodorante
D secarse el pelo E cepillarse los dientes F afeitarse

 2

Was machen Sie und in welcher Reihenfolge? Nummerieren
Sie die zutreffenden Sätze.

- Me lavo el pelo.
- Me cepillo los dientes.
- Me afeito.
- Me echo desodorante.
- Me seco el pelo.
- Me maquillo.
- Me ducho.
- Me baño.
- Me peino.
- Me perfumo.

3

Verbinden Sie die Subjektpronomen mit den entsprechenden Personalformen von **estar**.

están   estamos   estás

yo   tú   él/ella/usted   nosotros/nosotras

vosotros/vosotras   ellos/ ellas/ ustedes

estoy   estáis   está

LÖSUNG

1 1E; 2C; 3F; 4D; 5A; 6B • **3** 1. yo estoy; 2. tú estás; 3. él/ ella/ usted está; 4. nosotros/-as estamos; 5. vosotros/-as estáis; 6. ellos/ ellas/ ustedes están

4

Bilden Sie die entsprechende Frage und Antwort zu dem Bild mit den angegebenen Elementen.

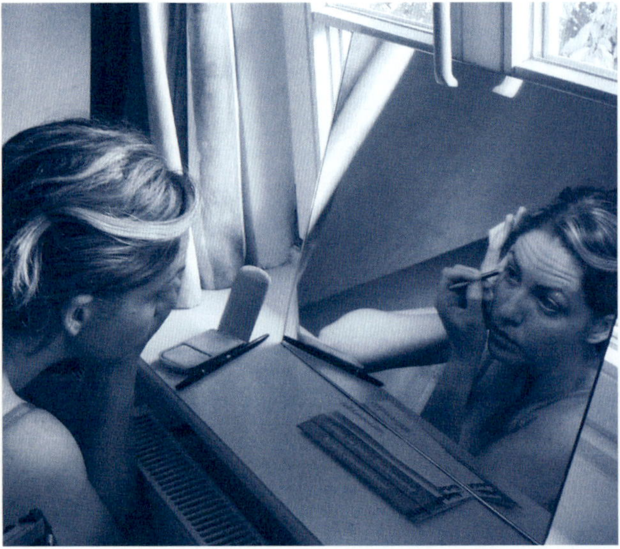

haciendo ▪ Patricia ▪ está ▪ ella ▪ qué
maquillando ▪ está ▪ se

- ______________________________?

\+ ______________________________.

102 | 103

5

Vervollständigen Sie die Sätze mit dem richtigen Pronomen.

> se • me • te • os • se • nos

1. ¿ ____ estáis cepillando los dientes?

2. Las chicas ____ están secando el pelo.

3. ____ estoy peinando.

4. Ella ____ está perfumando.

5. ¿ ____ estás bañando, Tomás?

6. Nosotros ____ estamos lavando las manos.

6

Von welchem Infinitiv stammen diese Gerundiumsformen?

1. hablando: _____   **2.** comiendo: _____

3. durmiendo: _____   **4.** diciendo: _____

5. vistiendo: _____   **6.** trabajando: _____

7. leyendo: _____   **8.** lloviendo: _____

LÖSUNG

4. ¿Qué está haciendo Patricia? Ella se está maquillando. • **5** 1. os; 2. se;
3. me; 4. se; 5. te; 6. nos • **6** 1. hablar; 2. comer; 3. dormir; 4. decir;
5. vestir; 6. trabajar; 7. leer; 8. llover

7

Was machen diese Personen gerade? Vervollständigen Sie die
Sätze mit den angegebenen Elementen.

1. Rosa (leer) _____ un libro.

2. Los chicos (ver) _____ la televisión.

3. Juan (dormir) _____ la siesta.

4. Chema y Roberto (hacer) _____ deporte.

5. Rául y Sara (darse) _____ un beso.

6. Ana y Ramón (bailar) _____ .

8

Wandeln Sie die folgenden Sätze ab, indem Sie die Pronomen anhängen:

1. María se está arreglando.

_____ .

2. ¿Te estás afeitando?

_____ .

3. Los niños se están cepillando los dientes.

_____ .

9

Vervollständigen Sie die Sätze mit den Verben im Kästchen.

> **A** sigues • **B** pasa • **C** limpiando • **D** he pasado
> **E** jugando • **F** hablando

1. _____ el fin de semana _____ la casa.

2. Y tú, Quique, ¿ _____ _____ al golf?

3. _____ el tiempo _____ muy rápido.

LÖSUNG

7 1. está leyendo; **2.** están viendo; **3.** está durmiendo; **4.** están haciendo; **5.** se están dando; **6.** están bailando • **8 1.** María está arreglándose. **2.** ¿Estás afeitándote? **3.** Los niños están cepillándose los dientes • **9** 1D/C; 2A/E; 3F/B

1

Die Buchstaben dieser Naturbegriffe sind durcheinander geraten. Bringen Sie sie in die richtige Reihenfolge.

1. P O R R E   **2.** R O B L Á   **3.** G O T A

4. OCABLALS   **5.** FELRSO   **6.** APOJRÁ

 2

Vervollständigen Sie den Text mit den Wörtern im Kästchen.

> **A** situación   **B** controles   **C** tala   **D** selva   **E** población
> **F** extinción   **G** medioambientales

En la **1.** _____ amazónica hay muchas zonas con

grandes problemas **2.** _____ . Uno de los

problemas más graves es la **3.** _____ de los árboles

y otro la **4.** _____ de especies protegidas. Estos

problemas seguirán existiendo si no mejora la **5.** _____

económica de la **6.** _____ y si no hay **7.** _____

más duros.

LÖSUNG

1 1. perro; **2.** árbol; **3.** gato; **4.** caballos; **5.** flores; **6.** pájaro • **2** 1D; 2G; 3C;
4F; 5A; 6E; 7B

3

Vervollständigen Sie die Ausdrücke.

1. el medio	___ **A**	retornable
2. el parque	___ **B**	ambiente
3. la especie animal	___ **C**	de basuras
4. la eliminación	___ **D**	nacional
5. el reciclaje	___ **E**	protegida
6. la botella	___ **F**	de plásticos

4

Vervollständigen Sie die Sätze mit den Verben im Kästchen.

> **A** se recicla **B** se habla **C** se están tomando **D** se puede
> **E** se dan **F** se pregunta

1. En España _____ mucho de la protección del medio ambiente.

2. _____ continuas catástrofes ecológicas como los incendios y las mareas negras.

3. Uno _____ qué _____ hacer por el medio ambiente.

4. El país se ha concienciado y _____ medidas.

5. Ya _____ la basura en todo el Estado.

5

Vervollständigen Sie die Tabelle mit den Verben im **Indefinido**.

	reciclar	proteger	prohibir
yo	reciclé	**3.** _____	prohibí
tú	**1.** _____	protegiste	prohibiste
él/ ella/ usted	recicló	protegió	**5.** _____
nosotros/-as	**2.** _____	protegimos	prohibimos
vosotros/-as	reciclasteis	**4.** _____	prohibisteis
ellos/-as/Uds.	reciclaron	protegieron	**6.** _____

LÖSUNG

3 1B; 2D; 3E; 4C; 5F; 6A • **4** 1. se habla; 2. se dan; 3. se pregunta/ se puede; 4. se están tomando; 5. se recicla • **5** 1. reciclaste; 2. reciclamos; 3. protegí; 4. protegisteis; 5. prohibió; 6. prohibieron

6

Wie lauten die Formen der Verben **ser** und **ir** im Indefinido?

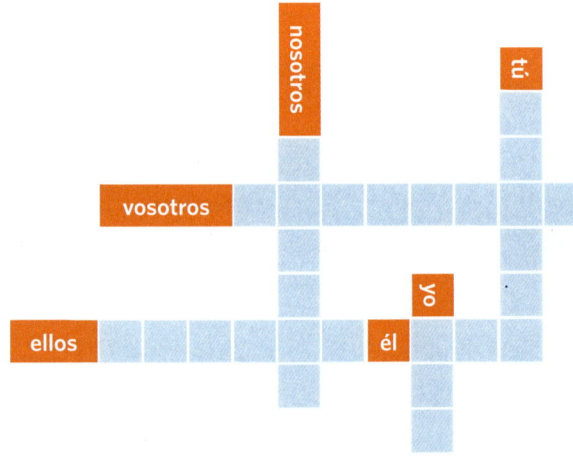

 7

Was bedeuten die folgenden Zeitausdrücke?

1. hace dos meses ___ **A** *neulich*

2. el otro día ___ **B** *gestern*

3. la semana pasada ___ **C** *letzte Woche*

4. el año pasado   ___ **D** *letzten Monat*

5. ayer   ___ **E** *letztes Jahr*

6. el mes pasado   **F** *vor zwei Monaten*

8

Vervollständigen Sie die Sätze mit den Verben in Klammern im **Indefinido**.

Bea: ¿(salir, vosotras) **1.** _____ ayer por la

tarde? Os (llamar, yo) **2.** _____, pero no me

(contestar) **3.** _____ nadie.

Sara: Sí, (ir, nosotras) **4.** _____ a una conferencia sobre

el cambio climático.

Bea: ¿Y qué tal? ¿(ser) **5.** _____ interesante?

Sara: Sí, nos (gustar) **6.** _____ mucho. Yo (aprender)

7. _____ un montón.

Die Buchstaben dieser Landschaftsbegriffe sind durcheinander geraten. Bringen Sie sie in die richtige Reihenfolge.

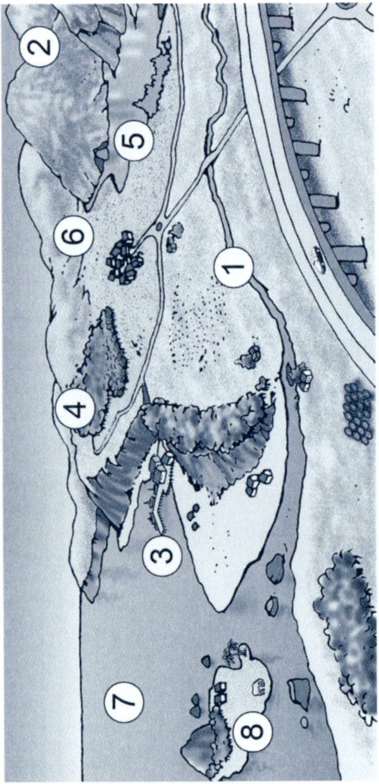

1. Í O R   _____

2. A M A N O T Ñ   _____

3. E P R O T U   _____

4. B S Q O E U   _____

5. O A L G   _____

6. E V L A L   _____

7. A M R   _____

8. L I S A   _____

2

Finden Sie in der Wortschlange drei weitere Landschaftsbegriffe.

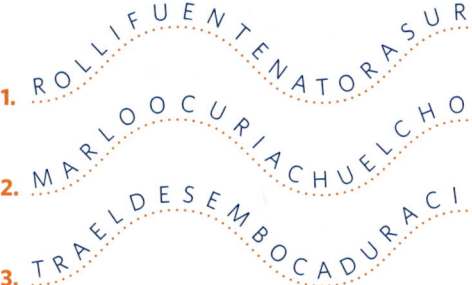

1. R O L L I F U E N T E N A T O R A S U R

2. M A R L O O C U R I A C H U E L C H O

3. T R A E L D E S E M B O C A D U R A C I

3

Wie werden die folgenden Begriffe kombiniert?

1. el mar   ___ **A** oscuro

2. la alta   ___ **B** desierta

3. un bosque   ___ **C** montaña

4. una isla   ___ **D** embravecido

4

Konjugieren Sie die Verben im **Indefinido**. In der richtigen Reihenfolge ergeben die markierten Buchstaben die Lösung.

1. (yo, trabajar)

2. (tú, vivir)

3. (él, ir)

4. (nosotras, poder)

5. (vosotros, querer)

6. (ustedes, venir)

Lösungswort: N   D

5

Verbinden Sie die Subjektpronomen mit den entsprechenden
Personalformen von **estar**.

_____ **A** estuvieron   _____ **B** estuvo   _____ **C** estuvisteis

1. yo   **2. tú**   **3. él/ella/usted**   **4. nosotros/nosotras**

5. vosotros/vosotras   **6. ellos/ ellas/ ustedes**

_____ **D** estuve   _____ **E** estuviste   _____ **F** estuvimos

 6

Vervollständigen Sie die Tabelle mit den Verben im **Indefinido**.

	tener	saber	decir
yo	tuve	**3.** _____	dije
tú	**1.** _____	supiste	dijiste
él/ ella/ usted	tuvo	supo	**5.** _____
nosotros/-as	**2.** _____	supimos	dijimos
vosotros/-as	tuvisteis	**4.** _____	dijisteis
ellos/-as/Uds.	tuvieron	supieron	**6.** _____

7

Vervollständigen Sie die Sätze mit den entsprechenden Verben im **Indefinido**.

querer • venir • poder • tener • decir • estar

1. Nosotros _____ en Granada el verano pasado.

2. ¿(vosotros) _____ ver el Patio de los Leones?

3. ¿(tú) _____ en tren o en avión?

4. ¿Qué te (ellos) _____ en la agencia de viajes?

5. (él) no _____ venir con nosotros; prefirió quedarse.

6. Yo no _____ ningún problema durante el viaje.

8

Welche Zeitangaben sind richtig? Kreuzen Sie sie an.

1. _____ he tenido mucho trabajo.
  ■ **A** esta semana ■ **B** hoy ■ **C** hace dos meses

2. _____ fui al cine con unos amigos.
  ■ **A** la semana pasada ■ **B** este mes ■ **C** ayer por la tarde

3. _____ estuve de vacaciones en España.
  ■ **A** este año ■ **B** el mes pasado ■ **C** en 2008

9

Welche Antwort passt zu welcher Frage?

1. ¿Cómo ha llegado al valle? ____ **A** No, todavía no he ido. ¿Y tú?

2. ¿Qué hicieron ayer? ____ **B** Mi hermano me ha traído en coche esta mañana.

3. ¿Dónde habéis pasado la noche? ____ **C** Muchísimo.

4. ¿Subisteis a la montaña? ____ **D** Dimos un paseo por la isla.

5. ¿Has estado ya en el puerto? ____ **E** No, al final no pudimos.

6. ¿Os gustó el paisaje? ____ **F** En un hotel cerca del lago.

LÖSUNG

7 1. estuvimos; 2. pudisteis; 3. viniste; 4. dijeron; 5. quiso; 6. tuve • **8** 1A/B; 2A/C; 3B/C • **9** 1B; 2D; 3F; 4E; 5A; 6C

1

Wie heißen die folgenden Geräte?

1

2

3

4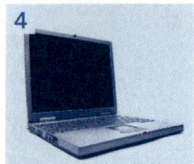

5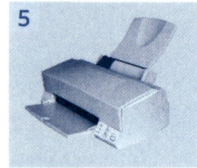

6

1. (el) televisor de __ __ __ __ __ __ __ __ plana

2. (el) teléfono __ __ __ __ __

3. (la) __ __ __ __ __ __ de música

4. (el) __ __ __ __ __ __ __ __ __ portátil

5. (la) __ __ __ __ __ __ __ __ __

6. (la) __ __ __ __ __ __ digital

2

Wozu braucht man diese weiteren Geräte?

1. El reproductor de DVD   ___ **A** sirve para escuchar música.

2. El ordenador personal   ___ **B** sirve para ver películas.

3. El reproductor de mp3   ___ **C** sirve para trabajar en la oficina.

3

Ordnen Sie die Satzelemente.

1. La de vida antes menos era estresante.

_____.

2. cartas la ahora gente Antes más que escribía.

_____.

3. televisores no sofisticados de Los antes tan eran.

_____.

Vervollständigen Sie die Tabelle mit den Verben im Imperfekt.

	trabajar	**comer**	**vivir**
yo	**1.** _____	comía	vivía
tú	trabajabas	**3.** _____	vivías
él/ ella/ usted	trabajaba	comía	**5.** _____
nosotros/-as	**2.** _____	comíamos	**6.** _____
vosotros/-as	trabajabais	**4.** _____	vivíais
ellos/-as/Uds.	trabajaban	comían	vivían

Welche Formen im Imperfekt fehlen? Vervollständigen Sie die Reihen mit den angegebenen Verben.

> **A** erais   **B** veías   **C** era   **D** veía   **E** ibas

ser: **1.** _____, eras, era, **2.** _____, **3.** _____, eran

ir: iba, **4.** _____, **5.** _____, íbamos, ibais, **6.** _____

ver: **7.** _____, **8.** _____, veía, veíamos, **9.** _____, veían

> **F** éramos   **G** iban   **H** veíais   **I** iba

6

Vervollständigen Sie den Text mit den Verben in Klammern im Imperfekt.

¡Cómo ha cambiado todo!

Antes, cuando yo (ser) **1.** _____ joven, no (haber) **2.**

_____ ordenadores, ni horno microondas. La gente no (ver)

3. _____ DVDs; **4.** (ir) _____ al cine, aunque no se

(salir) **5.** _____ a cenar como hoy en día; se (cenar) **6.**

_____ en casa. Las familias (ser) **7.** _____ muy

numerosas y muy pocas mujeres (trabajar) **8.** _____

fuera de casa. Los chicos y las chicas no (ir) **9.** _____ a

bailar a la discoteca, sino a la verbena. Mucha gente no (tener)

10. _____ coche.

LÖSUNG

4. 1. trabajaba; 2. trabajábamos; 3. comíais; 4. comías; 5. vivía; 6. vivíamos •
5. 1C; 2F; 3A; 4E; 5I; 6G; 7D; 8B; 9H • **6.** 1. era; 2. había; 3. veía; 4. iba;
5. salía; 6. cenaba; 7. eran; 8. trabajaban; 9. iban; 10. tenía

7

Vervollständigen Sie die Sätze mit den Verben im Kästchen.

> **A** era **B** tengo **C** escribía **D** escucho **E** tenía **F** habla **G** había

1. Antes no _____ teléfonos, en cambio hoy en día todo el mundo _____ por el móvil.

2. Cuando _____ joven _____ todo a mano; desde hace diez años _____ ordenador e impresora.

3. Ahora _____ música en mi reproductor de mp3; antes _____ una cadena de música.

8

Kreuzen Sie die richtige Vergangenheitsform des Verbs an.

1. ¿ _____ ya mi nuevo ordenador personal? ¡Está genial!
   ☐ **A** veías   ☐ **B** has visto   ☐ **C** viste

2. Antes no _____ tantos aparatos eléctricos como ahora.
   ☐ **A** tuvimos   ☐ **B** teníamos   ☐ **C** hemos tenido

3. El año pasado se _____ una nueva cámara digital.
   ☐ **A** compraron   ☐ **B** han comprado   ☐ **C** compraban

9

Kreuzen Sie die Antwort an, die am besten zu Ihnen passt.

1. De niño/-a, ¿le gustaba ir a la escuela?
- Sí
- Regular
- No

2. ¿Solía leer cómics?
- Sí
- A veces
- No

3. ¿Solía ver la televisión?
- Sí
- A veces
- No

4. ¿Ayudaba a sus padres en casa?
- Sí
- A veces
- No

5. ¿Solía ir de excursión con sus padres todos los domingos?
- Sí
- A veces
- No

6. ¿Solía pasar las vacaciones en la casa de sus abuelos?
- Sí
- A veces
- No

Wie heißen die anderen spanischen autonomen Regionen?

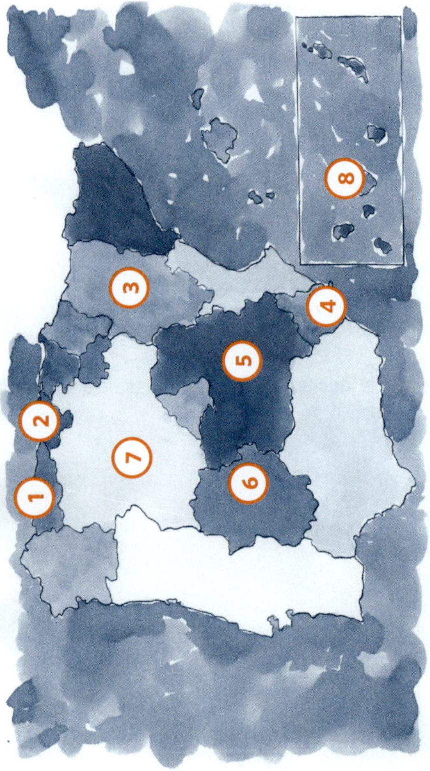

> **A** Castilla y León **B** Cantabria **C** Islas Canarias **D** Murcia
> **E** Aragón **F** Extremadura **G** Asturias **H** Castilla la Mancha

1. ____   **5.** ____

2. ____   **6.** ____

3. ____   **7.** ____

4. ____   **8.** ____

2

Was bedeuten die folgenden Begriffe?

1. (la) historia   ____ **A** Amtssprache

2. (la) población   ____ **B** Frieden

3. (la) paz   ____ **C** Bürgerkrieg

4. (la) guerra civil   ____ **D** Bevölkerung

5. (el) estado plural   ____ **E** Geschichte

6. (la) lengua oficial   ____ **F** Vielvölkerstaat

In den Wortschlagen verstecken sich drei Begriffe in Verbindung mit Zeiträumen. Finden Sie sie!

1. r e n o h a l i e t a p a t o r e n u

2. g u i t e r d é c a d a c o n c a t i

3. t i e p o a l s i g l o d u r e z o n

4

Welche Antwort passt zu welcher Frage?

1. ¿Qué lengua de las que se hablan en España no es de origen románico?   ___ **A** En 1975.

2. ¿Quién escribió „El Quijote"?   ___ **B** En el año 1986.

3. Cuántos años duró la Guerra Civil Española?   ___ **C** Miguel de Cervantes.

4. ¿Cuándo terminó la dictadura de Franco?   ___ **D** Tres, entre 1936 y 1939.

5. ¿Cuándo se integró España en la Unión Europea?   ___ **E** El euskera.

5

Vervollständigen Sie den Text mit den Verben im Kästchen.

A **ha pasado** B **publicó** C **es** D **tuvo** E **ha sido** F **fue**

La historia de España, como la de cualquier país, no **1.** _____ sencilla. El país **2.** _____ por guerras y por etapas de paz. España **3.** _____ una etapa de decadencia en la política y esplendor en las artes y la literatura del siglo XVI al XVII. En el año 1605, por ejemplo, Miguel de Cervantes **4.** _____ *El Quijote*. Una etapa negra para la cultura y la política españolas **5.** _____ la Guerra Civil y la posterior dictadura de Franco hasta el año 1975. Pero desde hace décadas España **6.** _____ un país democrático, integrado plenamente en el proyecto europeo.

Wie heißen die Amtssprachen, die in diesen Gebieten gesprochen werden?

1. Lengua hablada en toda España.

2. Lengua hablada en el País Vasco y Navarra.

3. Lengua hablada en Cataluña, Comunidad Valenciana e Islas Baleares.

4. Lengua hablada en Galicia.

7

Unterstreichen Sie die Verbformen, die zum Text passen.

Hace años **1. A** viajé/ **B** viajaba a Santiago de Compostela con mi amiga Laura. **2. A** Estuvimos/ **B** Estábamos allí unos días. Cuando **3. A** llegamos/ **B** llegábamos, **4. A** llovió/ **B** llovía muchísimo y no **5. A** paró/ **B** paraba hasta irnos. **6. A** Visitamos/ **B** visitábamos la catedral y varios edificios históricos. El último día, cuando **7. A** salimos/ **B** salíamos del hotel, **8. A** nos encontramos/ **B** encontrábamos con un grupo de tunos y nos **9. A** dedicaron/ **B** dedicaban una canción. **10. A** Fue/ **B** Era un viaje muy divertido.

8

Von welchen autonomen Regionen sind die folgenden Verab-schiedungsausdrücke?

___ **A** Galicia ___ **B** País Vasco ___ **C** Cataluña

1

Menschen & Kultur

2

Wortverzeichnis

BEGRÜSSUNG UND VERABSCHIEDUNG

Begrüßungs- und Abschiedsküsse (*besos*), eigentlich nur ein Streifen der Wangen, sind in Spanien (zwei Küsse) und Lateinamerika (ein Kuss) üblich, z. B. wenn man jemandem vorgestellt wird. Unter Männern wird aber nur in der Familie geküsst, ansonsten umarmt man sich oder klopft sich gegenseitig auf die Schulter. Das Händeschütteln gehört eher zu einem sehr formellen und beruflichen Kontext, wobei auch dort inzwischen der Begrüßungskuss Einzug hält.

DUZEN ODER SIEZEN?

In Spanien kommt man schnell zum Du (*tú*), auch unter Kollegen oder in Geschäftsbeziehungen mit Kunden. Die Höflichkeitsform (*usted*) bedeutet vor allem Respekt gegenüber Älteren. In Lateinamerika wird öfter gesiezt als in Spanien. Wenn man sich nicht sicher ist, sollte man mit *usted* anfangen und auf die Reaktion des Muttersprachlers warten. Die Formen *Don* (Herr) und *Doña* (Frau) werden im Spanischen mit dem kompletten Namen verwendet. Es handelt sich dabei um eine respektvolle Anrede in einem formellen Kontext.

VOSOTROS ODER *USTEDES*

In Spanien wird im Singular mit *tú* geduzt, im Plural sagt man *vosotros*. In Lateinamerika wird aus dem Singular *tú* ein *ustedes* im Plural, das aber als Form das vertraute Duzen mit einhaltet. In Argentinien und einigen anderen Regionen

Lateinamerikas gibt es die Sonderform des *voseo*. Dabei wird das *vos* im Singular für *tú* gebrauch. Im Plural benutzt man aber *ustedes*.

DOPPELNACHNAME

Im Spanischen hat man immer einen Doppelnachnamen. Der erste Nachname entspricht traditionell dem ersten Nachnamen des Vaters und der zweite dem ersten Nachnamen der Mutter. Häufig benutzt man jedoch nur den ersten Nachnamen. Doppelvornamen sind auch sehr typisch, z. B. bei traditionellen Namen mit *María* oder *José*. Daher sind Kurzformen von Vornamen in der Umgangssprache sehr häufig: z. B. *Dolores* → *Lola*, *Ignacio* → *Nacho*.

ADRESSEN UND WOHNUNGEN

Hier wird viel mit Abkürzungen operiert. Einige der gängigsten Abkürzungen: *Calle* (Straße) wird mit c / abgekürzt, *Avenida* (Allee) mit Avda., *Plaza* (Platz) mit Pl., *sin número* (ohne Hausnummer) mit *s/n*, *derecha* (rechts) mit *dcha.* und *izquierda* (links) mit *izqda*.

Wenn man jemanden in Spanien besuchen will, muss man außer dem Straßennamen und der Hausnummer auch die Nummer und den Buchstaben der Wohnung kennen, da an der Haustür üblicherweise keine Namen stehen. Auch Briefkästen befinden sich meist im Haus.

ESSENSZEITEN UND -GEWOHNHEITEN

Zum Frühstück (*desayuno*) nimmt man in Spanien häufig einen Café mit etwas Süßem wie z. B. einem Croissant (*cruasán*) zu sich. Am Vormittag nehmen viele Spanier dann gerne ein zweites Frühstück mit einem belegten Brötchen (*bocadillo*) in einer der vielen Bars ein. Zwischen 14 und 15 Uhr wird zu Mittag gegessen (*almuerzo*). Gegen etwa 17 oder 18 Uhr nimmt man nochmals einen Café mit etwas Süßem, z. B. einer *Magdalena* oder einen belegten Brötchen (die *merienda*) zu sich. Nach der Arbeit gehen viele Spanier noch mit Kollegen oder Freunden auf einen Drink in die Bar. Das kann ein kleines Bier sein oder ein Glas Wein zusammen mit frischen Häppchen (*tapas*), die viele Bars abends für ihre Gäste bereithalten. Abendessen gibt es in Spanien meist zwischen 21 und 22:30 Uhr.

GESCHÄFTS- UND ÖFFNUNGSZEITEN

In Spanien sind die Öffnungszeiten sehr unterschiedlich. Kleinere Geschäfte öffnen normalerweise von Montag bis Samstag zwischen 10.00 und 14.00 Uhr und nachmittags von 17.00 bis ca. 21.00 Uhr. Größere Geschäfte oder diejenigen, die im Zentrum der Städte anzutreffen sind, haben keine Mittagspause, andere haben sogar 24 Stunden geöffnet. Durchgehend von 10.00 Uhr bis 22.00 Uhr, einschließlich samstags, öffnen die *centros comerciales* (Einkaufszentren), *grandes almacenes* (Kaufhäuser) und *hipermercados* (große Supermärkte).

Behördengänge können in der Regel von Montag bis Freitag zwischen 9.00 und 14.00 Uhr gemacht werden.

DIE *PLAZA MAYOR*

Einer der schönsten und repräsentativsten Plätze in praktisch jeder spanischen Stadt ist die *Plaza Mayor*. Hier trifft man sich, umgeben von repräsentativen Gebäuden – darunter dem Rathaus und der Kirche bzw. Kathedrale – in Cafes und Bars zum Sehen und Gesehenwerden. In Lateinamerika heißt dieser Platz meist *Plaza de Armas* (in Mexiko City: *Plaza de la Constitución* oder *Zócalo*). Auf diesen Plätzen finden auch kulturelle und sonstige Veranstaltungen statt und eventuell der Markt.

ABENDLICHES AUSGEHEN

Das abendliche Ausgehen in Spanien – speziell am Wochenende – beginnt meistens spät und endet oft in den frühen Morgenstunden oder sogar am nächsten Vormittag. Man geht - besonders im Sommer - auf die *terrazas* (Cafés und Bars mit Freiluftbereich), wo sich Freunde und auch Familien aufhalten. Die Jugendlichen beginnen das Nachtleben später und ziehen von einer Bar in die nächste. Gerne werden auch Lokale mit Live-Musik besucht. Dann gehen einige in die Disko, wo man den „Abend" abschließt. Diejenigen, die mehr Ausdauer haben, halten durch bis es hell wird und begrüßen den neuen Tag in einem Café bei *churros con chocolate* (frittiertem Spritzgebäck mit Schokolade).

VERABREDUNGEN UND PÜNKTLICHKEIT

Wenn man sich in Spanien mit Freunden zu einer bestimmten Uhrzeit verabredet sind 10 Minuten oder noch etwas mehr immer im Rahmen der Toleranz. Abfahrtszeiten von Zügen bzw. Abflugzeiten am Flughafen sollten dennoch ernst genommen werden.

BARS

Bars gibt es in Spanien überall, in Städten und selbst in kleinen Dörfern. Die Bar spielt eine besondere Rolle als sozialer Treffpunkt. Dort frühstückt man oder isst die berühmten *tapas*. Die Bars sind normalerweise sehr voll, und es herrscht eine entspannte, fröhliche Atmosphäre. Es wird laut gesprochen, gelacht und, je nachdem, viel geraucht. Ein Gesetz verbietet zwar eigentlich das Rauchen in Bars, es gibt aber viele Ausnahmen. So steht häufig ein Schild am Eingang, das das Rauchen ausdrücklich erlaubt („*Se permite fumar*").

RESTAURANT- UND TISCHGEPFLOGENHEITEN

Essen und Essengehen haben in Spanien eine besondere soziale und kommunikative Funktion. Beim Essen wird auch gern Geschäftliches besprochen. All dies verleiht den Restaurants eine besonders lebhafte Stimmung. Im Restaurant oder Café ist es nicht üblich, sich zu anderen an den Tisch zu setzen. Man bleibt unter sich. Bei Tisch prostet man sich zu (*¡Salud!*)

die dann auch bezahlt werden. Besonders am Wochenende geht man häufig zu solchen kulinarischen Streifzügen durch die örtlichen Bars, wo man sich mit Freunden und Bekannten trifft.

TORTILLA

Eine der beliebtesten *tapas*, die es auch als Hauptgericht gibt, ist die *tortilla de patatas*. Das Omelett aus Kartoffeln und Eiern ist für Spanien so typisch, dass es unter dem Namen *tortilla española* als Nationalgericht bekannt ist. Heute macht man in Spanien mit fast allem eine Tortilla: mit Spinat oder Bohnen, mit Schinken oder Pilzen. Mit Tortilla wird in Mexiko, Zentralamerika und in der Karibik dagegen etwas völlig Anderes bezeichnet. Hier sind es Maispfannkuchen, die aus Maismehl gemacht werden. In Mexiko werden sie z. B. mit Fleisch gefüllt und *enchiladas* genannt.

SPRACHLICHE UNTERSCHIEDE

Denkt man an die weite geografische Verbreitung der spanischen Sprache und an die über 400 Millionen Sprecher des Spanischen als Muttersprache, so ist es verständlich, dass der spanische Wortschatz regionale Unterschiede innerhalb Spaniens, aber auch zwischen Spanien und Lateinamerika sowie innerhalb Lateinamerikas aufweist. So ist ein Stadtbus in Spanien (Festland) ein *autobús*, auf den kanarischen Inseln und z. B. Cuba eine *guagua* und in Südamerika ein *colectivo* oder *micro*. Bei Gemüse wird *papa* (Kartoffel) in Latemeri-

und wünscht sich Guten Appetit (*¡Que aproveche! / ¡Buen provecho!*). Es wird meist viel und laut (und oft durcheinander) palavert.

TRINKGELD

Gewöhnlich zahlt einer die Rechnung für alle, wobei es unter jungen Leuten auch vorkommt, dass jeder selbst zahlt. Beim Trinkgeld (*la propina*) wird der Betrag aufgerundet. Nur, wenn der Service ganz besonders zuvorkommend war, gibt man vielleicht etwas mehr Trinkgeld als sonst. Das Trinkgeld wird nach dem Bezahlen auf dem Tellerchen liegen gelassen, auf dem gewöhnlich der Kellner das Wechselgeld bringt, oder einfach auf dem Tisch.

TAPAS

Tapas sind Häppchen, die in Bars und Restaurants gereicht werden und meist mit einem Glas Wein oder Bier eingenommen werden. Oft muss man sie nicht extra bezahlen, weil sie im Preis des Getränkes inbegriffen sind. Traditionell geht man von Bar zu Bar, überall wird ein Getränk konsumiert (das man bezahlt) und ein oder zwei *tapas* gegessen. Dieses von Bar zu Bar ziehen nennt man in Spanien *tapeo* oder *ir de tapas*. Es gibt Gegenden in Spanien, wo der *tapeo* ein Mittag- oder Abendessen ersetzen kann. Es ist allerdings inzwischen auch üblich geworden, in einem Lokal zu bleiben und dort, statt der kleinen *tapas*, etwas größere *raciones* (kleine Gerichte) zu verzehren, ka, Andalusien und auf den Kanarischen Inseln benutzt, *patata* im Rest von Spanien. In Mexiko und Kuba sagt man *frijoles* zu Bohnen, aber in Venezuela *caraotas* und im Rest von Südamerika *porotos*. In Spanien dagegen heißen sie *alubias* oder *judías*.

FESTE UND FEIERTAGE

Jedes Dorf, jede Stadt, jede Region und auch das Land selbst haben ihre eigenen Festtage, die meist den jeweiligen Schutzheiligen oder (im Falle des spanischen Staates) auch der Verfassung gewidmet sind: der *Día de la Constitución*, der am 6. Dezember gefeiert wird. Außer diesen Festtagen werden regionale Festlichkeiten aufwändig gefeiert: so beispielsweise *Carnaval* (Karneval) in Cádiz und auf Teneriffa, *la Semana Santa* (Ostern) in Sevilla, *San Fermines* (traditionelle Stiereintreiben in die Arenastallungen) in Pamplona. *Navidad* (Weihnachten) wird mit den *turrón* gefeiert, einer traditionellen Süßspeise aus Mandeln, und mit den typischen *villancicos* (Weihnachtsliedern). Am 31. Dezember (*Nochevieja*) wird das Einnehmen der 12 *uvas*, der 12 Trauben mit den letzten Glockenschlägen des Jahres feierlich begangen. Diejenigen, die es schaffen, werden im neuen Jahr Glück haben. Silvester wird im Restaurant beim Silvesteressen (*cena de fin de año*), und auf den Straßen gefeiert. Der bekannteste Ort dafür ist die *Puerta del Sol* in Madrid. Am 5. Januar werden in vielen Orten große Paraden mit dem Einzug der Hl. Drei Könige abgehalten. Die Weihnachtsgeschenke gibt es in Spanien traditionell am 6. Januar.

LAUTSTÄRKE

Spanien ist einer Untersuchung zufolge eines der lautesten Länder der Welt. Dies zeigt sich sowohl im öffentlichen Raum, im Straßenverkehr, in Geschäften, Bars und Restaurants, wie auch im häuslichen und privaten Bereich. Es wird grundsätzlich durcheinander geredet und ein laut gestellter Fernseher gilt sowohl zuhause als auch in der Bar als adäquat, ja unverzichtbar. Fußgängerzonen werden nicht selten durch die Stadtverwaltung beschallt und die Hintergrundmusik in Geschäften ist meist recht laut.

ETWAS LANDESKUNDE

Spanien ist eine konstitutionelle Monarchie mit insgesamt 16 relativ stark autonomen Regionen (Andalusien, Katalonien, Baskenland, etc.). Das Staatsoberhaupt ist der König (*Juan Carlos I*), er ist auch der Oberbefehlshaber (*capitán general de los ejércitos*) der Streitkräfte. Juan Carlos wird im Übrigen viel Autorität als Symbol der Einheit zugeschrieben, seit er den schwierigen Übergang aus der Franco-Diktatur in die Demokratie maßgeblich zu bewältigen half. Der Regierungschef (*presidente del gobierno*) wird durch demokratische Wahlen gewählt, d.h. eigentlich seine Partei, die ihn dann – ggf. mit Koalitionsmehrheit – im Parlament wählt. Die Regionen (*comunidades autónomas*) sind sehr unterschiedlich, bis hin zu eigenen Sprachen. Es gibt 5 verschiedene Amtsprachen in Spanien: neben spanisch (das auch *castellano* genannt wird) sind dies *catalán*, *gallego*, *euskera* (baskisch), und *aranés*.

Seit dem Ende der Franco-Diktatur erlebt die spanische
Gesellschaft einen rasanten sozialen Wandel. Viele Werte,
die vormals unumstößlich schienen, haben an Geltungskraft
eingebüßt. So ist beispielsweise die Loyalität zur Kirche
stark rückläufig, umgekehrt gibt es zu dieser Säkularisierung
wiederum starke Gegenbewegungen. Vergleichbare Aspekte
sind die Legalisierung der Abtreibung oder der Schwulenehe,
die die Gesellschaft polarisieren. Auch ist aus dem klassischen
Auswanderungsland Spanien mittlerweile ein Einwanderungs-
land geworden. Die spanische Gesellschaft befindet sich also
stark im Wandel.

Wortverzeichnis

ABC ALLGEMEIN

ahora	*jetzt*
algo	*etwas*
allá / allí	*dort*
el año	*Jahr*
beber	*trinken*
bien	*gut*
la casa	*Haus*
cenar	*zu Abend essen*
cerca (de)	*nahe*
el coche	*Auto*
comer	*essen*
como	*wie*
¿cómo?	*wie?*
comprar	*kaufen*
comprender	*verstehen*
con	*mit*
conocer	*kennen(lernen)*
creer	*glauben*
¿cuándo?	*wann?*
¿cuánto? / -a / -os / -as?	*wie viel(e)?*
dar	*geben*
de	*von*
decir	*sagen*
desde	*seit*
el día	*Tag*
él	*er*
ella	*sie*
ellos / -as	*sie (Pl)*
entonces	*dann*
entre	*zwischen*
estar	*sein, sich befinden*
este / esta / esto	*diese(r / s)*
grande	*groß*
gustar	*mögen*

hablar	*sprechen*
hacer	*machen*
hasta	*bis*
hay	*es gibt*
el hombre	*Mann*
hoy	*heute*
ir	*gehen*
mal	*schlecht*
mañana	*morgen*
más	*mehr*
el mes	*Monat*
mientras	*während*
mucho	*viel, sehr*
la mujer	*Frau*
muy	*sehr*
nada	*nichts*
no	*nein, nicht*
la noche	*Nacht*
nosotros / -as	*wir*
para / por	*für*
pero	*aber*
poco	*ein bisschen, wenig*
poder	*können, dürfen*
poner	*setzen, stellen, legen*
porque	*weil*
¿qué?	*was?*
querer	*wollen*
saber	*wissen, können*
la semana	*Woche*
ser	*sein*
sí	*ja*
siempre	*immer*
también	*auch*
tener	*haben*
tener que / deber	*müssen; sollen*
todo	*alles*
tomar	*nehmen, trinken*

tú	du
un / -a	ein(e)
unos / -as	einige
usted	Sie
ustedes	Sie (Pl)
venir	kommen
viajar	reisen
el viaje	Reise
vivir	leben, wohnen
vosotros / -as	ihr
y	und
yo	ich

la música	Musik
el país	Land
la playa	Strand
rápido / -a	schnell
rodar	rollen
el señor	Herr
la tapa	Häppchen
el verano	Sommer

ABC **LEKTION 1**

adiós	Auf Wiedersehen
el álbum	Album
alemán(ana)	deutsch
el / la amigo / -a	Freund(in)
el avión	Flugzeug
bailar	tanzen
el café	Kaffee
el calor	Hitze, Wärme
el carril	Schiene
el carro	Fuhrwerk
el chocolate	Schokolade
la ciudad	Stadt
la cultura	Kultur
la erre	R, r
España	Spanien
español(a)	spanisch
el ferrocarril	Eisenbahn
el fútbol	Fußball
la guitarra	Gitarre
hola	hallo
el idioma	Sprache
el monumento	Monument, Denkmal

ABC **LEKTION 2**

¡Adiós!	Auf Wiedersehen!
alemán(ana)	deutsch
austriaco / -a	österreichisch
bien	gut
¡Buenas noches!	Guten Abend! / Gute Nacht!
¡Buenas tardes!	Guten Tag!
¡Buenos días!	Guten Morgen! / Guten Tag!
¿Cómo estás?	Wie geht´s?
¿De dónde?	Woher?
Encantado / -a.	Sehr erfreut.
francés(esa)	französisch
gracias	danke
¡Hasta la próxima semana!	Bis nächste Woche!
¡Hasta luego!	Bis später / Tschüss!
¡Hasta mañana!	Bis morgen!
¡Hasta pronto!	Bis bald!
¡Hola!	Hallo!
inglés(esa)	englisch
italiano / -a	italienisch
llamarse	heißen

Wortverzeichnis

mirar	schauen
Mucho gusto.	Angenehm.
suizo / -a	schweizerisch
Trieste	Triest

ABC LEKTION 3

adónde	wohin
el / la arquitecto / -a	Architekt(in)
el arte	Kunst
el / la azafato / -a	Steward, Stewardess
el / la bombero / -a	Feuerwehrmann(-frau)
el / la camarero / -a	Kellner(in)
casi	fast
comer	essen
como	als
dedicar(se)	(sich) widmen
el / la dependiente / -a	Verkäufer(in)
¿Dónde?	Wo?
el / la empleado / -a	Angestellte(r)
la empresa	Firma
en casa	zu Hause
el / la enfermero / -a	Krakenschwester
la escuela	Schule
el / la estudiante	Student(in)
estudiar	studieren
la fábrica	Fabrik
el / la fotógrafo / -a	Fotograf(in)

la historia	Geschichte
el hospital	Krankenhaus
el / la informático / -a	Informatiker(in)
el / la ingeniero / -a	Ingenieur(in)
el / la médico / -a	Arzt / Ärztin
multinacional	multinational
nunca	nie, niemals
el / la periodista	Journalist(in)
el / la pintor(a)	Maler(in)
el producto	Produkt
el / la profesor(a)	Lehrer(in)
el restaurante	Restaurant
el taller	Werkstatt
el / la taxista	Taxifahrer(in)
el té	Tee
la tienda	Geschäft, Laden
trabajar	arbeiten
el / la traductor(a)	Übersetzer(in)
la universidad	Universität
el / la vendedor(a)	Verkäufer(in)
vender	verkaufen

ABC LEKTION 4

el / la abuelo / -a	Großvater / -mutter
casado / -a	verheiratet
el / la colega	Kollege(in)
el / la cuñado / -a	Schwager / Schwägerin
divorciado / -a	geschieden

el / la esposo / -a	Ehemann/ -frau	azul	blau
este / esta / esto	diese(r / s)	la barba	Bart
		la bebida	Getränk
el / la hermano / -a	Bruder / Schwester	el bigote	Schnurrbart
		blanco / -a	weiß
el / la hijo / -a	Sohn / Tochter	caliente	warm
la madre	Mutter	calvo / -a	kahlköpfig
el marido	Ehemann	canoso	grauhaarig
mi(s)	mein(e)	el / la chico / -a	Junge / Mädchen
el / la nieto / -a	Enkel(in)	contento / -a	froh
		corto / -a	kurz
el / la novio / -a	Freund(in) in einer Liebesbeziehung	delgado / -a	schlank
		divertido / -a	lustig
nuestro(s) / -a(s)	unser(e / s)	enamorado / -a	verliebt
los padres	Eltern	estar	sein, sich befinden
el placer	Freude	feliz	glücklich
presentar	vorstellen	feo / -a	hässlich
el / la primo / -a	Cousin(e)	frío / -a	kalt
		las gafas	Brille
quién(es)	wer	guapo / -a	hübsch
separado / -a	getrennt	ideal	ideal
el / la sobrino / -a	Neffe / Nichte	inteligente	intelligent
		largo / -a	lang
soltero / -a	ledig	liso / -a	glatt
su	sein(e), ihr(e), Ihr(e)	llevar	tragen
		negro / -a	schwarz
el / la suegro / -a	Schwiegervater / -mutter	nervioso / -a	nervös
		el / la niño / -a	Kind
el / la tío / -a	Onkel / Tante	el ojo	Auge
viudo / -a	verwitwet	pelirrojo / -a	rothaarig
vivir	wohnen	el pelo	Haar
		la persona	Person
		pobre	arm

2

ABC **LEKTION 5**

alto / -a	groß	rizado / -a	lockig
amarillo / -a	gelb	rojo / -a	rot
antipático / -a	unsympatisch	rubio / -a	blond
		ser	sein

Wortverzeichnis

serio / -a	ernst(haft)
simpático / -a	sympathisch
el sombrero	Hut
triste	traurig
verde	grün
viejo / -a	alt

ABC LEKTION 6

¿A qué hora?	Um wie viel Uhr?
acostarse	zu Bett gehen
afeitar(se)	(sich) rasieren
el autobús	(Omni)Bus
el cabello	Haar(e)
catorce	vierzehn
cenar	zu Abend essen
cinco	fünf
cuatro	vier
dar	geben
desayunar	frühstücken
diecinueve	neunzehn
dieciocho	achtzehn
dieciséis	sechzehn
diecisiete	siebzehn
el diente	Zahn
diez	zehn
doce	zwölf
dos	zwei
duchar(se)	(sich) duschen
efectuar	ausführen
ir(se)	gehen
las cinco y cuarto	viertel nach fünf
las seis y media	halb sieben
las siete me-nos cuarto	viertel vor sieben
lavar(se)	(sich) waschen

lavar(se) los dientes	Zähne putzen
levantarse	aufstehen
la mañana	Morgen
la mano	Hand
me	mich, mir
nos	uns
nueve	neun
el número	Nummer
ocho	acht
once	elf
os	euch
peinar(se)	(sich) kämmen
por favor	bitte
por la mañana	morgens
¿Qué hora es?	Wie spät ist es?
quince	fünfzehn
la salida	Abfahrt
salir	abfahren
se	sich
seis	sechs
siete	sieben
su	sein(e), ihr(e), Ihr(e)
te	dich, dir
el teléfono	Telefon
el trabajo	Arbeit
trece	dreizehn
el tren	Zug
tres	drei
tu	dein, deine
uno	eins
veinte	zwanzig
vestir(se)	(sich) anziehen

ABC LEKTION 7

almorzar	zu Mittag essen
apetecer	Lust haben

2

WORTVERZEICHNIS

el centro	Stadtzentrum
el cine	Kino
de acuerdo	einverstanden
el deporte	Sport
el domingo	Sonntag
el fin de semana	Wochenende
la frecuencia	Häufigkeit
fuera de casa	auswärts
hacer	machen
ir(se)	gehen
el jueves	Donnerstag
Lo siento.	Es tut mir Leid.
el lunes	Montag
el martes	Dienstag
mejor	lieber
el miércoles	Mittwoch
perfecto	perfekt
poder	können, dürfen
por la noche	abends, nachts
¿Por qué?	Warum?
próximo / -a	nächste(r / s)
¿Qué tal a las diez?	Wie wäre es um zehn Uhr?
quedar	sich verabreden
el sábado	Samstag
salir	ausgehen
el tiempo	Zeit
todos / -as	jede(r / s)
vale	in Ordnung
la vez	Mal
el viernes	Freitag

abrir	öffnen
Aquí tiene.	Bitte sehr.
el avión	Flugzeug
la bicicleta	Fahrrad

el billete	Fahrschein
la calle	Straße
cambiar	umsteigen
claro	klar
coche	Auto
después	danach
la dirección	Richtung
la estación	Haltstelle
girar	abbiegen
ir a pie	zu Fuß gehen
la línea	Linie
llegar	kommen
el metro	U-Bahn
la moto- (cicleta)	Motorrad
el museo	Museum
No hay de qué.	Keine Ursache.
pedir	rufen
seguir	folgen
el supermer- cado	Supermarkt
el taxi	Taxi
tener que	müssen
el tranvía	Straßenbahn
venir	kommen

ABC **LEKTION 9**

a mano / a la derecha	rechts
al lado (de)	neben
la avenida	Allee
el banco	Bank
buscar	suchen
cruzar	überqueren
detrás (de)	hinter
doblar	abbiegen
en medio (de)	in der Mitte (von)
enfrente (de)	gegenüber (von)

2

WORTVERZEICHNIS

Wortverzeichnis

la estación	Bahnhof
la farmacia	Apotheke
la fuente	Brunnen
hay	es gibt
la iglesia	Kirche
a la izquierda	links
lejos (de)	weit (weg) (von)
los multicines	Kino (mit mehreren Sälen)
la oficina de información	Auskunft(sstelle)
otra vez	wieder
para	um ... zu
el parque	Park
¡Perdone!	Entschuldigen Sie!
la plaza	Platz
por aquí cerca	hier in der Nähe
primer(o) / -a	erste(r / s)
el puente	Brücke
seguir	folgen
segundo / -a	zweite(r / s)
si	ob
todo recto	immer geradeaus
torcer	abbiegen

ABC LEKTION 10

a la parrilla	gegrillt
el aceite	Öl
el agua mineral	Mineralwasser
al horno	gegrillt
amargo / -a	bitter
beber	trinken
bonito	schön
el café solo	Espresso
la cerveza	Bier
el cortado	Espresso mit wenig Milch

la cuchara	Löffel
el cuchillo	Messer
la cuenta	Rechnung
desear	wünschen
dulce	süß
la ensalada (mixta)	(gemischer) Salat
el entrante	Vorspeise
el flan	Karamellpudding
la fruta del tiempo	Frischobst
gustar	mögen, schmecken
el helado	Eis
el jamón serrano	roher Schinken
el langostino	Garnele
le	ihm, ihr, Ihnen
la leche	Milch
el lenguado	Seezunge
el marisco	Meeresfrüchte
el melón	Melone
la merluza a la cazuela	Seehechttopf
el pescado	Fisch
picante	scharf
el plato	Gericht, Teller
el postre	Nachtisch
preferir	bevorzugen
querer	wollen, möchten
recomendar	empfehlen
el rosado	Rosé(wein)
salado / -a	salzig
el salero	Salzstreuer
la servilleta	Serviette
el solomillo de cerdo	Schweinelendchen
la sopa	Suppe
soso / -a	fade
el tenedor	Gabel

| el vinagre | Essig |
| el vino blanco | Weißwein |

ABC LEKTION 11

el ajo	Knoblauch
el arroz	Reis
el atún	Thunfisch
la barra	Stange
la bolsa	Tüte
la carne	Fleisch
la carnicería	Metzgerei
el cartón	Karton
la cebolla	Zwiebel
cien(to)	hundert
costar	kosten
¿cuánto / -a / -os / -as?	Wie viel(e)?
la docena	Dutzend
el euro	Euro
frito / -a	frittiert, gebraten
el gramo	Gramm
el huevo	Ei
el kilo	Kilo
la lata	Dose
la lechuga	Kopfsalat
el limón	Zitrone
el litro	Liter
la manzana	Apfel
medio / -a	halb
la naranja	Orange
el pan	Brot
el paquete	Packung
la patata	Kartoffel
las patatas fritas	Pommes frites, Kartoffelchips
la pera	Birne
la pescadería	Fischgeschäft
el pimiento	Paprika

el plátano	Banane
¿Qué le pongo?	Was darf es sein?
el queso	Käse
la sal	Salz
el (tetra)brik	Tetra Pack®
el tomate	Tomate
la verdulería	Gemüseladen
la verdura	Gemüse
la zanahoria	Karotte

ABC LEKTION 12

¿Adónde da el salón?	Wohin geht das Wohnzimmer?
alquilar	(ver)mieten
el alquiler	Miete
amueblado / -a	möbliert
amueblar	möblieren
el anuncio	Anzeige
aquí	hier
el balcón	Balkon
la bañera	Badewanne
el baño	Badzimmer
barato / -a	billig
caro / -a	teuer
la casa	Haus
céntrico /-a	zentral gelegen
la cocina	Küche
con (mucho) gusto	gern(e)
el dormitorio	Schlafzimmer
la ducha	Dusche
el garaje	Garage
la habitación	Zimmer
hoy mismo	gleich heute
interesar	interessieren
el jardín	Garten

Wortverzeichnis

leer	lesen
luminoso / -a	hell
el mar	Meer
el metro	Meter
nuevo / -a	neu
oscuro / -a	dunkel
pasar	vorbeikommen, eintreten
el pasillo	Flur
pequeño / -a	klein
el periódico	Zeitung
el piso	Wohnung
la playa	Strand
el precio	Preis
precioso / -a	schön
ruidoso / -a	laut
la / el sala de estar / salón	Wohnzimmer
si	wenn
sin	ohne
situado / -a	gelegen
solo	nur
la superficie	Oberfläche
la terraza	Terrasse
tranquilo / -a	ruhig
la vista	Aussicht

ABC LEKTION 13

la avenida	Allee
el armario	Schrank
la calefacción	Heizung
la cama	Bett
colgar	hängen
cuarto / -a	vierte(r / s)
debajo (de)	unter
décimo / -a	zehnte(r / s)

la derecha	rechte Seite
la izquierda	linke Seite
el espejo	Spiegel
la lámpara	Lampe
el lavabo	Waschbecken
la mesa	Tisch
noveno / -a	neunte(r / s)
octavo / -a	achte(r / s)
la pared	Wand
el piso	Wohnung
el producto de aseo	Körperpflegeprodukt
quinto / -a	fünfte(r / s)
la repisa	Ablage
el secador de pelo	Föhn
séptimo / -a	siebte(r / s)
sexto / -a	sechste(r / s)
la silla	Stuhl
el sillón	Sessel
sobre	auf, über
el sofá	Sofa
tercer(o) / -a	dritte(r / s)
la toalla	Handtuch
el wáter	WC

ABC LEKTION 14

el abrazo	Umarmung
abril	April
acordarse	sich erinnern
agosto	August
Año Nuevo	Neujahr
el beso	Kuss
brindar	anstoßen
buen(o) / -a	gut
celebrar	feiern
¡Cómo pasa el tiempo!	Wie die Zeit vergeht!

¿Cuántos años tienes?	Wie alt bist du?	la primavera	Frühling
el cumpleaños	Geburtstag	pronto	bald
Cumplo cuarenta años.	Am Geburtstag werde ich vierzig.	querido / -a	Liebe(r)
		el regalo	Geschenk
		regresar	zurückkehren
los / las demás	die Übrigen	los Reyes Magos	die Heiligen Drei Könige
diciembre	Dezember		
echar de menos	vermissen	septiembre	September
		la sorpresa	Überraschung
empezar	anfangen	la tarta	Torte
enero	Januar	ti	dich, dir
escribir	schreiben	todavía	noch
el éxito	Erfolg	treinta	dreißig
febrero	Februar	veintiocho	achtundzwanzig
la felicitación	Glückwunschkarte	ya	schon
¡Feliz cumpleaños!	Herzlichen Glückwunsch!		

2

la fiesta	Fest		
hacerse viejo / -a	alt werden	**ABC LEKTION 15**	
hoy	heute	la actividad	Aktivität
el invierno	Winter	apetecer	Lust haben
julio	Juli	el ciclismo	Radsport
junio	Juni	cocinar	kochen
juntos / -as	zusammen	el concierto	Konzert
llamar por teléfono	anrufen	el deporte	Sport
		deportivo / -a	sportlich
mañana	morgen	descansar	ausruhen
marzo	März	enseñar	zeigen
mayo	Mai	la equitación	Reitsport
la Navidad	Weihnachten	eso	das (da)
la Nochevieja	Silvester	el esquí acuático	Wasserski
noviembre	November	la excursión	Ausflug
octubre	Oktober	la exposición	Ausstellung
el otoño	Herbst	el footing	Jogging
pasado mañana	übermorgen	genial	toll
		el golf	Golf
pasar	verbringen	importante	wichtig
		jugar	spielen
		lento / -a	langsam

el montañismo	Bergsteigen
nadar	schwimmen
la naturaleza	Natur
necesitar	brauchen
ningún(uno / una)	kein(e)
oír	hören
la ópera	Oper
el patinaje	Rollschuhlaufen
peligroso / -a	gefährlich
pescar	angeln
pintar	malen
el piragüismo	Kanusport
el plan	Plan
practicar	treiben
preparar	zubereiten
proponer	vorschlagen
saber	wissen, können
sano / -a	gesund
el teatro	Theater
el tenis	Tennis
la vela	Segeln
viajar	reisen
visitar	besuchen

ABC LEKTION 16

al fondo del pasillo	am Ende des Gangs
amarillo / -a	gelb
ancho / -a	weit
azul	blau
blanco / -a	weiß
la blusa	Bluse
la bota	Stiefel
la bufanda	Schal
la camisa	Hemd
la camiseta	T-Shirt

la chaqueta	Jackett
el cielo	Himmel
el cinturón	Gürtel
el color	Farbe
la corbata	Krawatte
el corte	Schnitt
demasiado	(all)zu
depender	abhängen
en efectivo	bar
enseguida	sofort
estrecho / -a	eng
la falda	Rock
grande	groß
gris	grau
el guante	Handschuh
el jersey	Pullover
marrón	braun
necesitar	brauchen
negro / -a	schwarz
otro / -a	ein(e) andere(r)
pagar	zahlen
los pantalones	Hose
el pasillo	Gang
pequeño / -a	klein
por supuesto	selbstverständlich
el probador	Umkleidekabine
probar	anprobieren
¿Qué le parecen?	Gefallen sie Ihnen?
quedar	gut / schlecht stehen (Kleidung)
la talla	Größe
la tarjeta	Karte
los tejanos	(Blue)Jeans
traer	bringen
verde	grün
el vestido	Kleid
el zapato	Schuh

ABC **LEKTION 17**

abierto / -a	offen
el abrigo	Mantel
la antigüedad	Antiquität
antiguo / -a	antik, alt
bilingüe	zweisprachig
el bilingüismo	Zweisprachigkeit
la bisutería	Modeschmuck
el cedé	CD
cien(to)	hundert
cincuenta	fünfzig
comprar	kaufen
dar(se) una vuelta	spazieren gehen
el disco	Schallplatte
encantar	sehr gern(e) machen
encontrar	finden
ese / esa / eso	der / die / das (da)
estar de suerte	Glück haben
faltar	fehlen
la flor	Blume
la herramienta	Wekzeug
ir de compras	einen Einkaufsbummel machen
la lámpara	Lampe
la lengua	Sprache
el libro	Buch
la lingüística	Sprachwissenschaft
la marca	Marke
mejor	besser
el mercadillo	Flohmarkt
mí	mich, mir
novecientos	neunhundert
noventa	neunzig
ochenta	achtzig
el paraguas	Schirm
el paragüero	Schirmständer
la posibilidad	Möglichkeit
pues	also
el puesto	(Markt)Stand
¿Qué color te gusta más?	Welche Farbe magst du am liebsten?
quedarse	behalten
quinientos	fünfhundert
regalar	schenken
la ropa	Kleidung
la ropa usada	Secondhand-Kleidung
sesenta	sechzig
setecientos	siebenhundert
sobre todo	vor allem
la suerte	Glück
trescientos	dreihundert
el / la turista	Tourist(in)
veintiún(uno / una)	einundzwanzig
ver	sehen

ABC **LEKTION 18**

a ver	lass mal sehen
acostarse	sich hinlegen
el alcohol	Alkohol
el analgésico	Schmerzmittel
bastar	reichen
la boca	Mund
el brazo	Arm
la cabeza	Kopf
el codo	Ell(en)bogen
el dedo	Finger, Zeh
la diarrea	Durchfall
el / la doctor(a)	Doktor(in)

doler	wehtun
el dolor	Schmerz
entrar	eintreten
la espalda	Rücken
estornudar	niesen
evitar	vermeiden
la fiebre	Fieber
la garganta	Hals
la grasa	Fett
guardar reposo	das Bett hüten
hacer falta	nötig sein
el líquido	Flüssigkeit
llamar	rufen
la mano	Hand
mareado / -a	übel, schwindlig
lo mejor	das Beste
la muela	Backenzahn
la muñeca	Handgelenk
la nariz	Nase
el nombre	Name
el ojo	Auge
el oído	Ohr
el pie	Fuß
la pierna	Bein
¿Qué le pasa?	Was ist mit Ihnen?
quitar(se)	(sich) ausziehen
recetar	verschreiben
relajarse	sich entspannen
la rodilla	Knie
sentarse	sich setzen
sentirse	sich fühlen
temprano	früh
el tiempo libre	Freizeit
tomar	nehmen
la tos	Husten
la vida	Leben

ABC LEKTION 19

antes	zuerst
el archipiélago	Archipel
atlántico / -a	atlantisch
canario / -a	kanarisch
la capital	Hauptstadt
la comunidad	Region
la costa	Küste
la cota alta	Hochlage
¿cuál(es)?	welche(r / s)
débilmente	schwach
el este	Ost
fuertemente	stark
la fuerza	Kraft
hacer calor	heiß sein
hacer frío	kalt sein
hacer viento	windig sein
hay niebla	neblig sein
el intervalo nuboso	leicht bewölkt
ligero / -a	leicht
llover	regnen
el lugar	Ort
el lugar de interés	Sehenwürdigkeit
máximo / -a	höchst-
mediterráneo / -a	mittelmeer-
la nevada	Schneefall
nevar	schneien
la niebla	Nebel
el noreste	Nordost
el noroeste	Nordwest
el norte	Nord
nublado	bewölkt
el oeste	West
pasarlo bien	sich amüsieren
el peligro	Gefahr

la previsión	Vorhersage
¡Qué bien!	Wie schön!
regular	regulär
regularmente	regelmäßig
seguro	sicherlich
soleado / -a	sonnig
soplar	blasen
suave	sanft
subir	steigen
el sur	Süd
el sureste	Südost
el suroeste	Südwest
la temperatura	Temperatur
el tiempo	Wetter
el viaje	Reise
el viento	Wind
la zona	Gebiet

ABC **LEKTION 20**

alguna vez	manchmal
aparte	separat
aquí mismo	gleich hier
el ascensor	Aufzug
el bar	Bar
la caja fuerte	Safe
el comedor	Speisesaal
la corrida de toros	Stierkampf
el crucero	Kreuzfahrt
el desayuno	Frühstück
durante	während
el equipaje	(Reise)Gepäck
la ficha	Formular
el grupo	Gruppe
la habitación doble	Doppelzimmer
la habitación individual	Einzelzimmer

incluido / -a	inklusive
libre	frei
la llave	Schlüssel
la maleta	Koffer
muchas veces	häufig
el nombre	Name
nunca	nie, niemals
el patio interior	Innenhof
la pensión completa	Vollpension
la piscina	Schwimmbad
la planta	Stock
por cierto	übrigens
la pregunta	Frage
el problema	Problem
la recepción	Rezeption
el / la recepcionista	Empfangschef(-dame)
recibir	bekommen, empfangen
rellenar	ausfüllen
la reserva	Reservierung
reservar	reservieren
salir bien	gelingen
separado / -a	getrennt
la temporada alta / baja	(Hoch- / Neben-) Saison
todavía no	noch nicht
últimamente	kürzlich

ABC **LEKTION 21**

afeitar(se)	(sich) rasieren
arreglar(se)	(sich) zurecht machen
bañar(se)	(sich) baden
cepillar(se) los dientes	Zähne putzen

Wortverzeichnis

dar(se) un beso	einen Kuss geben
el desodorante	Deo
el diente	Zahn
dormir	schlafen
dormir la siesta	eine Siesta machen
duchar(se)	(sich) duschen
echarse deso-dorante	Deo auftragen
estar	sein, sich befinden
hablar	sprechen
jugar	spielen
lavar(se) el pelo	(sich) die Haar(e) waschen
lavar(se) las manos	(sich) die Hände waschen
limpiar	putzen
la mano	Hand
maquillar(se)	(sich) schminken
me	mich
nos	uns
os	euch
pasar	verbringen
peinar(se)	kämmen
el pelo	Haar(e)
perfumar(se)	(sich) parfümieren
se	sich
secar(se)	trocknen
seguir	fortfahren
la siesta	Siesta
te	dich
la televisión	Fernsehen
el tiempo	Zeit
vestir(se)	anziehen

ABC LEKTION 22

el animal	Tier
el año	Jahr
aprender	lernen
el árbol	Baum
ayer	gestern
la basura	Müll
la botella	Flasche
la botella retornable	Mehrwegflache
el caballo	Pferd
el cambio climático	Klimaveränderung
la catástrofe	Katastrophe
como	wie
concien-ciar(se)	sensibilisieren, be-wusst machen
la conferencia	Vortrag
contestar	abnehmen
continuo / -a	ständig
el control	Kontrolle
darse	hier: geschehen
el día	Tag
duro / -a	scharf
ecológico / -a	ökologisch
económico / -a	wirtschaftlich
la eliminación de basuras	Entsorgung
la especie	Art
existir	existieren
la extinción	Aussterben
la flor	Blume
el gato	Katze
grave	ernst
hace dos meses	vor zwei Monaten
el incendio	Waldbrand

interesante	*interessant*
la marea	*Ebbe und Flut*
la marea negra	*Ölpest*
la medida	*Maßnahme*
el medio ambiente	*Umwelt*
mejorar	*verbessern*
el mes	*Monat*
el montón	*Haufen*
nadie	*niemand*
el otro día	*neulich*
el país	*Land*
el pájaro	*Vogel*
el parque natural	*Naturschutzgebiet*
pasado / -a	*letzte(r / s)*
el perro	*Hund*
el plástico	*Plastik*
proteger	*schützen*
preguntar	*fragen*
el problema	*Problem*
el problema medioambiental	*Umweltproblem*
prohibir	*verbieten*
la protección	*Schutz*
protegida / -a	*geschützt*
¿qué tal?	*Wie war es?*
el reciclaje	*Recycling*
reciclar	*wiederverwerten*
la selva	*Wald*
la selva amazónica	*Amazonasregenwald*
la semana	*Woche*
la situación	*Situation*
sobre	*über*
la tala de árboles	*Fällen*

tomar medidas	*Maßnahmen ergreifen*
uno / -a	*man*
la zona	*Zone, Gebiet*

ABC **LEKTION 23**

la agencia de viajes	*Reisebüro*
al final	*schließlich*
la alta montaña	*Hochgebirge*
el bosque	*Wald*
dar un paseo	*einen Spaziergang machen*
la desembocadura	*(Ein)Mündung*
desierto / -a	*unbesiedelt*
embravecido / -a	*stürmisch*
la fuente	*Quelle*
el hotel	*Hotel*
la isla	*Insel*
el lago	*See*
llegar	*kommen*
el / la mar	*Meer*
la montaña	*Berg, Gebirge*
oscuro / -a	*dunkel*
el paisaje	*Landschaft*
pasar la noche	*die Nacht verbringen*
el paseo	*Spaziergang*
preferir	*vorziehen*
el puerto	*Hafen*
quedarse	*bleiblen*
el riachuelo	*Bach*
el río	*Fluss*
saber	*wissen, können*

Wortverzeichnis

subir	ansteigen
traer en coche	mit dem Auto bringen
el valle	Tal
el viaje	Reise

ⒶⒷⒸ LEKTION 24

a veces	manchmal
el abuelo / -a	Großeltern
ahora	jetzt
antes	früher
el aparato eléctrico	Elektrogerät
aunque	obwohl
ayudar	helfen
la cadena de música	Stereoanlage
la cámara digital	Digitalkamera
cambiar	(ver)ändern
la carta	Brief
el / la chico / -a	Junge / Mädchen
el cine	Kino
el coche	Auto
el cómic	Comic
comprar	kaufen
cuando	als
de niño / -a	als Kind
desde hace	seit
la discoteca	Diskothek
en cambio	dagegen
escribir a mano	von Hand schreiben
escuchar	(an)hören
la escuela	Schule
estresante	stressig
la familia	Familie
fuera de casa	auswärts
la gente	Leute
gustar	gern machen
el horno microondas	Mikrowelle
hoy en día	heutzutage
la impresora	Drucker
ir de excursión	einen Ausflug machen
joven	jung
menos	weniger
la mujer	Frau
el mundo	Welt
nuevo / -a	neu
numeroso / -a	zahlreich
la oficina	Büro
el ordenador personal	Personal Computer
el (ordenador) portátil	Laptop
los padres	Eltern
la pantalla plana	Flachbildschirm
para	zu
pasar las vacaciones	die Ferien verbringen
la película	Film
el reproductor de DVD	DVD-Laufwerk
salir a cenar	abends zum Essen ausgehen
servir	nützen
sofisticado / -a	hochentwickelt
soler	etwas zu tun pflegen
el (teléfono) móvil	Mobiltelefon
el televisor	Fernsehgerät

2

WORTVERZEICHNIS

todo el mundo	jedermann
todos los	jeden Sonntag
domingos	
la verbena	Fest
ya	schon

el año	Jahr
el arte	Kunst
la canción	Lied
el catalán	katalanische Sprache
la catedral	Kathedrale
cualquier(a)	irgendein(e / er / s)
la cultura	Kultur
la década	Jahrzehnt
la decadencia	Dekadenz
dedicar	widmen
democrático / -a	demokratisch
la dictadura	Diktatur
divertido / -a	lustig
durar	(an)dauern
el edificio	Gebäude
encontrarse	begegnen
el español	spanische Sprache
el esplendor	Pracht
el estado	Staat
el estado plural	Vielvölkerstaat
la etapa negra	dunkle Epoche
europeo / -a	europäisch
el euskera	baskische Sprache
el gallego	galicische Sprache
el grupo	Gruppe
la guerra	Krieg
la guerra civil	Bürgerkrieg

hasta	bis
la historia	Geschichte
histórico / -a	historisch
integrado / -a	integriert
integrarse	integrieren
la lengua	Sprache
la lengua oficial	Amtssprache
la literatura	Literatur
el origen	Ursprung
el país	Land
parar de llover	aufhören zu regnen
pasar	erleben
la paz	Frieden
plenamente	voll
la población	Bevölkerung
la política	Politik
por ejemplo	zum Beispiel
posterior	spätere(r / s)
el proyecto	Projekt
publicar	veröffentlichen
quién(es)	wer
románico / -a	romanisch
sencillo / -a	einfach
el siglo	Jahrhundert
terminar	enden
el tuno	Mitglied einer "tuna", einer Studentenkapelle
último / -a	letzte(r / s)
la Unión Europea	Europäische Union
unos días	einige Tage

2